JN222818

印紙税の実務対応

小林幸夫・佐藤明弘・宮川博行 ［著］

税務経理協会

はしがき

　印紙税は，日常の取引等に伴って作成される様々な文書について，その文書を作成した者が自ら課税文書に該当するのか否かを判断し，さらに課税文書に該当するとしたら印紙税額はいくらになるのかを判断して，相応の印紙を貼付して納付するという「自主納税方式」が採用されています。

　印紙税の課否判断に当たっては，作成された文書に記載された文言等に基づいて判断することとし，文書に記載されていない文言等については判断要素としないという基本原則があります。これは，印紙税が，「文書課税」という課税形式を採用していることに起因するものですが，最近はこの課否判断が難しい文書が増えてきている感があります。

　これは，例えば，印紙税の税務調査により，課税文書の不納付を指摘され多大な税負担を経験した企業にあっては，印紙税の節税策が講じられることとなり，契約書に本来明記すべき約定文言等の記載を省略化するといった対応が図られることがあります。

　ただ一方では，契約書を作成する目的はというと，言った言わないの争い，すなわち争訟を避けるためでもある訳ですから，そこでは，細部にわたる客観的な約定を盛り込むことが求められるはずです。

　これらの片や省略化，片や詳細化という方向性は，本来，相反するものですが，印紙税が課税されない文書であって，かつ，争訟の際に確実な証拠となる文書の検討にいそしむことになるといったことも，課否判断の難しい微妙な文書が増加するという現象に，ひいては，印紙税の課否判断は難しいという風潮が広まることにつながっていることも否めないところかとも考えられます。

　印紙税調査において不納付が指摘された事例をみますと，現場担当者の知識不足などもあって課否判断が適切に行われていなかった事例や，文書作成に係る現場の対応について事業本部側で把握不足となっていた事例などが見受けられているところですが，上記のように課否判断の微妙な文書が作成されている

1

ことも，不納付文書の指摘要因として挙げられるのではないかと考えられます。

　そこで，本書では，印紙税調査での非違事例に基づいて，不納付となった要因や本来あるべきであった対応といった点などについて触れ，印紙税の基本的な考え方とともに，課否判断のポイントとなる事項や課否判断に当たっての留意点などについて解説しています。

　なお，解説した事例の数は30例に過ぎず，若干物足りないかもしれませんが，そのチェックポイントを理解すれば，事業会社が作成する一般的な文書の多くについて応用がきくものと思われます。

　本書が，印紙税の実務に携わる方々の参考となれば幸いです。

　　　令和元年7月　　　　　　　　　　　　　　　　著者代表　小林幸夫

目　　次

凡　　例

法………………印紙税法

通則…………印紙税法別表第一「課税物件表の適用に関する通則」

第○号文書……印紙税法別表第一「課税物件表」の第○号の課税文書

令………………印紙税法施行令

規則…………印紙税法施行規則

租特法…………租税特別措置法

租特令…………租税特別措置法施行令

租特規則………租税特別措置法施行規則

基通…………印紙税法基本通達

第1部

印紙税の課税範囲と課税文書の取扱い

1 印紙税の性格と課税範囲

(1) 印紙税の課税対象となる文書は，金融取引をはじめとする各種の経済取引若しくは権利の授与その他の行為（以下「経済取引等」といいます）が行われた際に，その事実を明らかにするために作成される証書や帳簿類に当たる様々な文書のうち，印紙税法別表第一「課税物件表」（以下「課税物件表」といいます）に掲げられた文書です。

すなわち，印紙税は，経済取引等に伴い作成される文書のうち，不動産の譲渡に関する契約書，請負に関する契約書，手形や株券などの有価証券，保険証券，領収書，預貯金通帳などの文書について，「課税物件表」において20種類に分類し，同表に具体的に掲名列挙している特定の文書だけに課税するものです（このことを「課税物件限定列挙主義」と呼んでいます）。

したがって，課税物件限定列挙主義を採る印紙税法においては，「課税物件表」に具体的に掲名列挙された文書だけに課税することになるので，それ以外の文書は，どのような文書を作成しても課税されません。

例えば，委任契約書とか，基本契約書に該当しない個別の物品売買契約書などは，この20種類の文書には該当しないため，たとえ高額取引に係る文書であっても課税されないこととなります。

(2) 印紙税は，課税文書の作成の背後に経済取引等による利益が存在するものと考え，また，文書を作成することに伴う取引当事者間の法律関係の安定化という面にも着目し，文書の作成行為の背後に税を負担する能力（担税力）を見出して課税しようとするものです。

このように，印紙税は，直接的にはこれらの経済取引等に関して作成する文書を課税対象とする「文書税」ですが，間接的にはこれらの文書の背後にある経済取引等によって生ずる経済的利益に税源を求めようとするものですから，いわゆる流通税（権利や財産などの移転事実等に着目して課税する租税）の一種であるといわれています。

(3) 印紙税は，経済取引そのものに対して課税される税ではなく，経済取引に

関連して作成される特定の文書を課税の対象としているものです。

　したがって，いくら高額な取引が存在したとしても，文書を作成しなければ課税されることはありません。

　反面，一つの取引において複数の文書を作成すると（例えば，甲と乙の契約において，甲は本店及び営業所用の2通必要，乙は1通必要ということで，合計3通作成すると），作成された複数の文書全てが課税されることになります。

　これらのことから，印紙税は「文書課税」といわれるゆえんです。

コラム1　―印紙税の沿革―

　印紙税は，1624年に，オランダで創設された税金です。

　戦費調達のため，重税感を与えない良い税金はないかということで，賞金付きで国民に募集した結果，当選した税金といわれています。

　ちなみに，考案した人の名は，「ヨハネスファンデンブルック」という方で，税務職員だったとのこと。

　日本における印紙税は，1873年（明治6年）に制定された「受取諸証文印紙貼用心得方規則」（太政官布告）が始まりです。

　所得税は明治20年，法人税は明治32年の創設であり，印紙税は，現存する国税としては，室町幕府時代に最初に課されたといわれる酒税に次ぐ古い歴史を持つ税金です。

　その後，明治32年から昭和42まで「旧印紙税法」が施行され，昭和42年に現行の「印紙税法」が施行されました。

　旧印紙税法の特色としては，①包括網羅主義の採用（財産権の創設又は移転等に関する文書の全てを課税の対象とする），②印紙の貼り漏れについて不ちょう付犯（ほ脱犯）制度の採用（故意過失を問わず罰する），③通告処分制度の採用，などが挙げられます。

　現行印紙税法の特色としては，①限定列挙主義の採用（掲名された文書だけを課税の対象とする），②印紙の貼り漏れについて過怠税制度の採用（過失犯の救済），③通告処分制度の廃止，などが挙げられます。

　なお，旧印紙税法時に導入されていた通告処分とは，税務署長と納税者との間の私和（和解）であり，通告処分（罰金相当額（脱漏税額の2倍）の賦課）を覆行すれば，刑事告発はしないという処分でした。

ちなみに，旧印紙税法までは，印紙をちょう付していない証書は，裁判上の証拠となし得ないこととされていました。

2　課税文書に係る基本的事項

(1)　課税文書とは

　印紙税の課税物件は，特定の課税事項（課税物件表の「課税物件」欄に掲げる文書（1号文書〜20号文書）により証されるべき事項をいう。以下同じ）が記載されている文書です。

　なお，それぞれの号に当てはまる文書であっても，非課税とすることが適当であると認められるものについては，その範囲を「非課税物件」欄で具体的に定めています。

　したがって，印紙税法の課税文書とは，次の三つの全てに当てはまる文書です。

① 　課税物件表に掲げられている第1号文書から第20号文書により証明されるべき事項（課税事項）が記載されていること。

② 　当事者の間において課税事項を証明する目的で作成された文書であること。

③ 　法第5条などの規定により印紙税を課税しないこととされている非課税文書でないこと。

(2)　課否判断の基準

　課税物件表に掲げられた文書には，約束手形や社債券のように法令又は慣行により形式や内容がある程度定型化されているものと，契約書のように形式，内容ともに作成者の自由に任されているものがあります。

　定型化された文書については，課税物件表に掲げられた文書の名称と現実に作成される文書の名称とが概ね一致することから，容易に課税文書か否かを判断することができますが，定型化されていない文書については，課税物件表に掲げられた文書の名称と現実に作成される文書の名称とが必ずしも一

致しないことから，「課税物件表に掲げられた文書」というだけではその範囲が明らかとはいえません。

　そこで，課税事項が記載されていて，かつ，当事者間においてその課税事項を証明する目的で作成された文書を課税文書とすることとされています（基通2）。

　すなわち，課税文書とは，当事者の間において課税事項を証明する効力を有する文書で，かつ，その課税事項を証明する目的で作成されたものをいいますから，当事者間において課税事項を証明する効果を有する文書であったとしても，その課税事項を証明する目的以外の目的で作成された文書は課税文書とはなりません。

　なお，この「課税事項を証明する目的で作成された文書かどうか」の判断は，作成者の恣意的な判断に基づいて行うのではなく，文書の形式，記載内容等を取引社会の一般通念に照らして客観的に行うこととなります。

　したがって，当事者間において課税事項を証明する効果を有する文書であったとしても，その課税事項を証明する目的以外の目的で作成された文書は課税文書とはなりません。

コラム2　―課税事項を証明することにならない例―

① 「手形割引計算書」は手形割引を行う場合に，手形割引を行う者（金融機関等）が割引料，差引金額などを記載して手形を持ち込んだ者に交付するもので，その文書の記載内容から，手形及び割引料等の金銭の授受があったことが間接的に明らかとなるものですが，業界の慣行（共通認識）としてはあくまでも割引料等の計算明細を示すために作成交付されるものであって，手形や割引料等の金銭の受取書として作成・交付するものではないので，手形割引を行う者（金融機関等）が金銭又は有価証券の受取書（第17号の2文書）を作成したことにはなりません。

② 預金払戻請求書は，銀行等にとって預金者が預金の払い戻しを受けたこと，すなわち，預金者が金銭を受領したことを証明する効力を有する文書ともなるものですが，預金者はその文書を預金の払い戻しを請求する目的で作成したのであって，預金の払い戻しを受けたこと（金銭を受領したこと）を証明する目的で作成したものではありませんから，預金者が金銭の受取書（第17号の2文書）を作

成したことにはなりません。
③ 「注文書」はその注文書に記載されたとおりに契約が成立した場合には，契約の
　成立があったことを後日間接的に証明する効力を有する文書となるものですが，
　「注文書」の作成目的は，注文者が注文する内容を記載して注文先（請負業者な
　ど）に，発注するために作成するものであり，請負契約などが成立したことを証
　明する目的で作成したものではありませんから，請負に関する契約書（第2号文
　書）などを作成したことにはなりません。

(3) 課税文書に該当するかどうかの判断

イ　課否判定の基本的な考え方

　　契約書のような文書は，その形式，内容とも作成者が自由に作成すること
ができるから（契約自由の原則），その内容は様々です。

　　したがって，課税文書に該当するか否かの判断（「課否判定」といいます）
は，その文書の全体的な評価によって決するのではなく，その文書の内容と
して記載されている個々の事項の全てを検討の上で，その個々の事項の中に
課税物件表に掲げる課税事項となるものが含まれていないかどうかを検証し，
一つでも課税事項となるものが含まれていれば，その文書は課税文書と判断
することとなるのです（基通3）。

　　例えば，メインの契約は物品（機械）の売買であるものの，付随的な契約
内容としてその物品（機械）の据付工事（請負）の約定が定められている契
約書の場合には，物品（機械）の売買については不課税事項となる契約内容
となるものの，据付工事（請負）部分については，課税事項である請負契約
となるものであり，したがって，この契約書については，課税文書である請
負に関する契約書（第2号文書）に該当するものと判断することとなります。

　　また，文書の証明力はその文書の記載文言によって生ずるものですから，文
書の内容判断はその文書の上に表されている事項のみに基づいて行うことと
なり，その文書に表されていない事項まで取り入れて行うことはできません

（口約束などといった不記載事項は判断の要素としては取り入れません）。

ロ　実　質　判　定

　なお，文書の課否の判断はその文書に表されている事項のみに基づいて行うとしても，単に文書の名称や呼称，あるいは形式的な記載文言等により判断するのではなく，その記載文言等を用いることについての実質的な意味合いを汲み取って判断する必要があります。

　例えば，文言の記載はあるものの，その文言が客観的に意味不明瞭な文言，すなわち，当事者でなければ意味がわからないような符牒や隠語のようなものの場合には，その文言の実質的な意味合いについて解明する必要があります。

　この場合の実質的な判断は，その文書に記載又は表示されている文言，符号などを基礎として，その文言，符号などを用いることについての関係法律の規定，当事者間の了解，基本契約又は慣習などを加味して，総合的に行うこととなります（基通3②）。

コラム3　―課否判断の基本（形式主義か実質主義か）―

　印紙税は，文書課税といわれており，いくら高額な経済取引が行われたとしても，課税文書を作成しなければ課税されることはありません。この意味においては，形式主義を採用しているといえるでしょう。

　また，文書課税を前提とする場合は，仮に文書を作成したとしても，その文書に記載されていない事項（口約束）は，当然のことながら，課否判断の要素（対象事項）にはならないはずです。国税局や税務署にとっても，課否判断する際に，際限のない事実認定が伴うことになると，およそ，執行がもたないともいえるでしょう。

　ところで，基本通達3条の1項では，「形式的な記載文言によることなく，その記載文言の実質的な意義に基づいて判断する」と規定されていますから，何らかの文言が記載されていれば，常に，その実質を追求するようにも読めます。

　これについて，国税当局の公表資料等によれば，「例えば，売掛金の請求書に「相済」や「了」と表示してあるときに，その表示が売掛金を領収したことの当事者の了解事項であれば，その文書は，第17号文書（金銭等の受取書）に該当する。」と解説されていて，意味不明瞭な文言の記載に限ってその実質を追及するとまでは言い切ってはいません。

しかしながら，記載された文言が，客観的にみて，意味不明瞭な文言に限ってその実質を追求すべきと考えます。反面，意味明瞭な文言であれば素直に解釈判断すべきと考えます。

　なぜ契約書等の文書を作成するかというと，端的にいえば，訴訟に備えてのためと思われます。したがって，契約当事者は，通常は最終的に，裁判官がどう判断（認定）するのかということを念頭に，約定文言を検討するはずです。そして，客観的に見て争いのない意味明瞭な文言については，基本的には契約両当事者も，裁判官も，その客観的な判断（常識判断）に拘束されると思われます。

(4)　他の文書を引用している文書の判断

　文書の内容に原契約書，約款，見積書その他その文書以外の文書を引用する旨の文言の記載がある場合は，引用されている文書の内容がその文書の中に記載されているものとして，その文書の内容を判断します（基通4①）。

　なお，「記載金額」と「契約期間」については，印紙税法において「当該文書に記載された金額」，「契約期間の記載のあるもの」といった規定があることからも，原則として，その文書に記載された金額及び契約期間をいうことを明らかにしていることから，たとえ引用されている他の文書の内容を取り入れると金額及び期間が明らかとなる場合であっても，その文書には記載金額及び契約期間の記載はないことになります。

> （注）　第1号文書（不動産の譲渡契約書等），第2号文書（請負に関する契約書）及び第17号の1文書（売上代金に係る金銭又は有価証券の受取書）については，その文書に具体的な金額の記載がない場合であっても，引用する文書の記載内容によっては，通則4のホ㊁又は㊂の規定により，記載金額があることになる場合がある（P.28,「6記載金額(2)記載金額についての具体的な取扱いのホ，ト，チ」参照）ことに留意が必要です。

(5)　一の文書の意義

　課税物件表の第1号から第17号までの証書等については1通を，第18号から第20号までの通帳等については1冊を課税単位としています。

　そして，通則2及び3において，これら1通の証書等又は1冊の通帳等を「一の文書」と総称することとし，原則として「一の文書に対しては1個の課税」ということを定めています。

　この場合の一の文書とは，その形態からみて物理的に1個の文書と認められるものをいい，文書の記載証明の形式，紙数の単複は問いません。

　したがって，1枚の用紙に2以上の課税事項が各別に記載証明されているもの又は2枚以上の用紙が契印等により結合されているものは，それが同時に作成されるものである限り，その全体を一の文書として取り扱うことにしています（基通5）。

　なお，一枚又は一綴りの用紙により作成された文書であっても，その文書に各別に記載証明されている部分を，作成後に切り離して行使又は保存することを予定しているものについては，それぞれを各別の一の文書と取り扱います。

　したがって，一枚又は一綴りの文書であっても，その各別に記載証明される部分の作成日時が異なる場合は，後から作成する部分については新たな課税文書を作成したものとみなされ，印紙税の対象となります（法4，基通5）。

(6)　仮契約書，仮領収書などの取扱い

　後日，正式文書を作成することとしている場合において，一時的にこれに代わるものとして作成する仮契約書・仮領収書などの仮の文書であっても，その文書が課税事項を証明する目的で作成されたものであるときは，課税文書となります（基通58）。

3　契約書に係る基本的事項

(1)　契約書の意義

　課税物件表には，第1号の不動産の譲渡に関する契約書，消費貸借に関する契約書，第2号の請負に関する契約書，第14号の金銭又は有価証券の寄託に関する契約書などのように「○○に関する契約書」という名称で掲げられてい

るものが多くありますが，ここにいう契約書は，一般的にいわれるものよりかなり範囲が広く，そのため，通則5にその定義規定が置かれています。

　すなわち，課税物件表に掲げられているこれらの契約書とは，契約証書，協定書，約定書その他名称のいかんを問わず，契約（その予約を含みます。以下同じ）の成立若しくは更改又は契約の内容の変更若しくは補充の事実（以下「契約の成立等」といいます）を証すべき文書をいい，念書，請書その他契約の当事者の一方のみが作成する文書又は契約の当事者の全部若しくは一部の署名を欠く文書で，当事者間の了解又は商慣習に基づき契約の成立等を証することになっているものも含まれます。

　ここでいう契約とは，互いに対立する2個以上の意思表示の合致，すなわち一方の申込みと他方の承諾によって成立する法律行為をいいます（基通14）から，契約書とは，その2個以上の意思表示の合致の事実を証明する目的で作成される文書をいうことになります。

　したがって，通常，契約の申込みの事実を証明する目的で作成される申込書，注文書，依頼書などと表示された文書であっても，実質的にみて，その文書によって契約の成立等が証明されるものは，契約書に該当することになります。

　なお，契約の消滅の事実を証明する目的で作成される文書は，印紙税法上の契約書には含まれず，課税の対象とはなりません（基通12）。

(2)　契約書の写しなどの取扱い

　単なる控えとするための写し，副本，謄本等は，原則として課税文書にはなりませんが，写し，副本，謄本等であっても，契約当事者の双方又は相手方の署名押印があるなど，契約の成立を証明する目的で作成されたことが文書上明らかである場合には，課税文書になります（基通19②）。

　すなわち，印紙税は，契約が成立したという事実を課税対象とするのではなく，契約の成立を証明する目的で作成された文書を課税対象とするものですから，一つの契約について2通以上の文書が作成された場合であっても，その2通以上の文書がそれぞれ契約の成立を証明する目的で作成されたもので

あれば，全て印紙税の課税対象になります。

　つまり，契約当事者の一方が所持するものには正本又は原本と表示し，他方が所持するものには，写し，副本，謄本などという表示をしても，それが契約の成立を証明する目的で作成されたものであれば，正本又は原本と同様に印紙税の課税対象となります。

コラム4　─文書課税の宿命【FAX，メール，コピー】─

　印紙税は文書課税であることを踏まえると，次のような節税策が考えられます。
(1)　メール又はFAXで送信する。
（ポイント）
　文書の作成行為がありませんから，印紙税の課税機会は発生しません。
　なお，相手方がプリントアウトする文書は，交付した文書ではありません。
(2)　原本を1通作成し，他はコピーで対応する。
（ポイント）
　①　そのコピー文書に，所持者の相手方の署名若しくは押印又は証明があるものは，課税文書に該当します。
　②　コピーしただけのものは，印紙税は課税されません。
　　複写機で複写された署名又は押印は，ポイント①の「署名若しくは押印」には含まれません。したがって，カラーコピーであっても，すなわち，印影が本物らしきプリントとなっていたとしても，課税文書には該当しません。
　③　原本の約定事項に，「甲が原本を保有し，乙はこの写し（複写機によるコピー）を保有することについて，甲乙双方が確認した。」旨の記載があったとしても，コピーしただけのもの，すなわち，所持者の相手方の署名若しくは押印又は証明のないものは，課税文書には該当しません。

---

(3)　**予約契約書**

　後日改めて本契約を締結することとしている場合に作成する予約契約書は，印紙税法上は，本契約と全く同一に取り扱われます（通則5）。

　予約契約書は，協定書，念書，覚書，承諾書等様々な名称を用いて作成される場合が少なくありませんが，予約とは，将来本契約を成立させることを

約する契約ですから，その成立させようとする本契約の内容によって課税文書の所属が決定されます（基通15）。

　また，予約としての契約金額の記載がある場合には，その金額も印紙税法上の記載金額に該当することになります。

(4)　申込書，注文書，依頼書等と表示された文書の取扱い

　契約とは，申込みと承諾によって成立するものですから，契約の申込事実を記載した申込書，注文書，依頼書などは，通常，課税対象にはなりません。

　しかし，たとえ，これらの表題を用いている文書であっても，その記載内容によっては，契約の成立等を証する文書，すなわち，契約書になるものがあります。

　契約の成立等を証する文書かどうかは，文書の記載文言等その文書上から客観的に判断するというのが印紙税の基本的な取扱いですから，申込書等と表示された文書が契約の成立等を証明する目的で作成されたものであるかどうかの判断も，基本的にその文書上から行うことになります（基通2，3）。

　このような契約の成立等を証明する目的で作成される文書は当然に契約書に該当することとなりますが，実務上，申込書等と表示された文書が契約書に該当するかどうかの判断はなかなか困難なことから，通達において一般的に契約書に該当するものとして次のような例示がなされています（基通21）。

イ　契約当事者の間の基本契約書，規約又は約款等に基づく申込みであることが記載されていて，一方の申込みにより自動的に契約が成立することとなっている場合における当該申込書等（基通21②一）。

　(イ)　この場合の約款等に基づく申込みであることが記載されているかどうかは，申込書等に，約款等に基づく申込みである旨の文言が明記されているもののほか，約款等の記号，番号等が記載されていること等により，実質的に約款等に基づく申込みであることが文書上明らかなものも含まれます。

　　自動的に契約が成立するかどうかは，実態判断によります。すなわち，約款等で，例えば「申込書を提出した時に自動的に契約が成立するものとす

る。」とされている場合は，その申込書を提出した時に自動的に契約が成立するのは明らかですし，「申込書提出後，当方が審査を行った上了解したものについて契約が成立するものとする。」となっている場合は，その申込書を提出しても自動的に契約が成立するものとはいえません。

しかし，約款等にそのような明文の記載がない場合は，事実上その申込みによって自動的に契約が成立するかどうかを判断することになるわけです。

(ロ) ただし，契約の相手方当事者が別に請書等契約の成立を証明する文書を作成することが記載されているものは除かれます。一方の申込みにより自動的に契約が成立する申込書等であっても，それに対して相手方当事者がさらに請書等を作成することとしているものは，契約書には当たらないことに取り扱われます。

(ハ) なお，(ロ)の取扱いがある場合であっても，申込書等の文書上に，さらに請書等を作成する旨が記載されていることが必要であり，請書等を作成する旨が記載されていないときは，申込書等も契約書として，また，請書等も契約書として課税されることになります（このことは，次のロの申込書等の場合でも同じです）。

ロ 見積書その他の契約の相手方当事者の作成した文書等に基づく申込みであることが記載されている当該申込書等（基通21②二）。

この場合は，イの場合と違って，申込みにより自動的に契約が成立するかどうかは，契約書に該当することの要件にはなっていませんが，これは，契約の相手方当事者が作成する見積書等がいわば契約の申込みであり，これに基づく申込書等は，申込みに対する承諾文書となり，請書と同様の性格を有するからです。

ただし，契約の相手方当事者が別に請書等契約の成立を証明する文書を作成することが記載されているものは除かれます。

ハ 契約当事者双方の署名又は押印があるもの（基通21②三）。

当事者双方の署名又は押印があるものは，一般に契約当事者の意思の合致

を証明する目的で作成されたものと認められますから，原則として契約書に該当します。

　例えば，2部提出された申込書のうちの1部に署名又は押印して返却する申込書等がこれに該当します。

　なお，申込書控等に署名又は押印して返却する場合であっても，その署名又は押印が意思の合致を証明する目的以外の目的でなされたことが明らかなもの（例えば文書の受付印と認められるもの）であれば契約書には該当しません。

　ただ，例えば頭金，初回金などの受領の証として押印がなされる場合は，契約の成立に伴って押印されているものといえることから，契約書に該当することになります。

(5)　**契約当事者以外の者に提出する文書の取扱い**

　印紙税法は，作成した文書に対して課税するものですから，同一内容の文書を2通以上作成した場合において，それぞれの文書が契約の成立等を証するものである限り，契約当事者の所持するものと，契約当事者以外の者が所持するものとを問わず，原則として課税文書に該当することになります。

　しかしながら，契約当事者以外の者に提出する文書であって，かつ，当該文書に提出先や交付先が明確に記載されているものについては，課税文書に該当しないものとして取り扱っています（基通20）。

　「契約当事者以外の者」とは，その契約に直接関与せず利害関係を有しない，例えば，監督官庁や融資銀行のような者をいいます。

　なお，契約当事者以外の者に提出する文書であっても，提出先が明記されていないものは，課税されることになり，また，「○○提出用」と契約当事者以外の者に提出されることが明記された文書であっても，例えば，監督官庁に提出しないで契約当事者が所持している場合や，当初，契約当事者間の証明目的で作成されたものが，たまたま結果的に契約当事者以外の者に提出された場合等は，課税の対象になってくるので注意が必要です。

㊟　「契約当事者」とは，その契約書において直接の当事者となっている者のみではなく，その契約の前提となる契約及びその契約に付随して行われる契約の当事者等，その契約に参加する者の全てを含みます。

　例えば，不動産売買契約における仲介人，消費貸借契約における保証人は，契約に参加する当事者であることから，ここにいう契約当事者に含まれることになり，その所持する契約書は課税の対象になってきます。

　なお，この例でいう仲介人や保証人は，売買契約などの直接の当事者ではないので，契約書の作成者には該当せず，納税義務はありません（この場合は，売主と買主，貸主と借主が契約書の作成者であり連帯納税義務者となります）。

(6)　変更，補充，更改契約書の取扱い

イ　変更契約書

　既に存在している契約（以下「原契約」といいます）の内容を変更する契約書は，印紙税法上の契約書に含まれます（通則5）。

　「契約の内容の変更」とは，原契約の同一性を失わせないで，その内容を変更することをいいます。この場合において，原契約が文書化されていたか，単なる口頭契約であったかは問いません。

　なお，課税の対象となる変更契約書は，契約上重要な事項を変更するものに限られ，その重要な事項の範囲は基本通達の別表第2「重要な事項の一覧表」に定められています。

　ただし，ここに掲げられているものは例示事項であり，これらに密接に関連する事項や例示した事項と比較してこれと同等，若しくはそれ以上に契約上重要な事項を変更するものも課税対象になります。

　変更契約書は，変更する事項がどの号に該当する重要な事項であるかにより文書の所属を決定することになりますが，2以上の号の重要な事項が2以上併記又は混合記載されている場合とか，一つの重要な事項が同時に2以上の号に該当する場合には，それぞれの号に該当する文書として原契約書の所属の決定方法と同様に所属を決定することになります（この場合，原契約書の所属号には拘束されず，変更契約書について，改めて所属号を決定すること

となります）。

ロ　補充契約書

　　原契約の内容を補充する契約書は，印紙税法上の契約書に含まれます（通則５）。

　　「契約の内容の補充」とは，原契約の内容として欠けている事項を補充することをいい，原契約が文書化されていたかどうかを問わないこと，契約上重要な事項を補充するものを課税対象とすること，補充する事項がどの号に該当する重要な事項であるかにより文書の所属を決定することは，変更契約書の場合と同じです。

ハ　更改契約書

　　契約を更改する契約書は，印紙税法上の契約書に含まれます（通則５）。

　　更改とは，既存の債務を消滅させて新たな債務を成立させることですから，その成立させる新たな債務の内容に従って課税文書の所属が決定されることになります。

　　更改には，次のようなものがあります。

(イ)　債権者の交替による更改

　　甲の乙に対する債権を消滅させて丙の乙に対する債権を新たに成立させる場合。

(ロ)　債務者の交替による更改

　　甲の乙に対する債権を消滅させて甲の丙に対する債権を新たに成立させる場合。

(ハ)　目的の変更による更改

　　金銭の支払債務を消滅させて土地を給付する債務を新たに成立させるような場合。

4　課税標準と税率

(1)　本則税率

　　印紙税の課税標準と税率は，課税物件表の各号の課税文書の区分に従って

同表の課税標準及び税率欄に定められています（法7）。

　印紙税の税率は，定額の税率（200円，400円，4,000円など）を基本としつつ，より担税力があると認められる特定の文書については，取引額に応じた階級定額税率を適用するとともに，特定の文書には免税点を設け，少額な取引に係る文書には課税しない仕組みとなっています。

　具体的には，課税物件表の第1号から第4号までと第17号の1文書については，記載金額に応じて課税される階級別定額税率が，その他の号の文書については，1通又は1冊について定額税率（200円，400円，4千円，2万円）が適用されます。

(2)　税率の軽減措置

　租特法91条の規定により，次のイ及びロの契約書の税率は，上記(1)の本則税率にかかわらず，軽減税率が適用されています。

　なお，平成9年4月1日から平成26年3月31日までに作成される契約書の軽減税率と，平成26年4月1日から令和2年3月31日までに作成される契約書の軽減税率とで，異なる税率が適用されているので，留意が必要です。

イ　不動産の譲渡に関する契約書（第1号の1文書）

　　土地や建物などの不動産の譲渡（売買，交換など）に関する契約書に限られます。

　　したがって，第1号の1文書となるものであっても，鉱業権，無体財産権，船舶若しくは航空機又は営業の譲渡に関する契約書は，軽減税率の適用はありません。

　　同様に第1号文書であっても，地上権又は土地の賃借権の譲渡に関する契約書（第1号の2文書），消費貸借に関する契約書（第1号の3文書）及び運送に関する契約書（第1号の4文書）も軽減税率の適用はありません。

ロ　建設業法第2条第1項に規定する建設工事の請負に係る契約に基づき作成される請負に関する契約書（第2号文書）

　　軽減措置の対象となる請負に関する契約書は，建設工事に係るものに限

17

られ，具体的には，土木建築に関する工事で次のものをいいます（建設業法2①，同法別表）。

> 　土木一式工事，建築一式工事，大工工事，左官工事，とび・土工・コンクリート工事，石工事，屋根工事，電気工事，管工事，タイル・れんが・ブロック工事，鋼構造物工事，鉄筋工事，舗装工事，しゅんせつ工事，板金工事，ガラス工事，塗装工事，防水工事，内装仕上工事，機械器具設置工事，熱絶縁工事，電気通信工事，造園工事，さく井工事，建具工事，水道施設工事，消防施設工事，清掃施設工事，解体工事

　したがって，上記の建設工事に該当しない工事や，建築物等の設計，建設機械の保守，船舶の建造，機械器具の製造又は修理などの請負契約書は，軽減税率の適用はありません。

ハ　軽減税率適用上の留意点

(イ)　不動産の譲渡に関する契約書に，第1号文書に係る他の課税事項が併記されたものは，合計した契約金額に応じて適用される印紙税の税率を判断します。

> 　例：建物660万円（うち消費税60万円），定期借地（賃借）権400万円，合計1,060万円と記載した「定期借地権付建物売買契約書」
> 　　　⇒軽減税率適用あり
> 　　　⇒記載金額1,000万円の第1号の1文書，印紙税額5千円

(ロ)　建設工事の請負に関する契約書に，建設工事以外の請負に関する事項が併記されたものは，合計した契約金額に応じて，適用される税率を判断します。

> 　例：建物設計請負金額220万円（うち消費税20万円），建物建築請負金額880万円（うち消費税80万円），合計1,100万円（うち消費税100万円）と記載した「建物設計及び建築請負契約書」
> 　　　⇒軽減税率適用あり
> 　　　⇒記載金額1,000万円の第2号文書，印紙税額5千円

(ハ)　他の号に係る課税事項が併記された契約書

　　2以上の複数の号に該当する契約書は，いずれか一の号にその所属を決定した後に，その契約書が軽減措置の適用となるかどうかを判断します。

> 例；土地金額6,000万円，建物建築請負金額3,300万円（うち消費税額300万円），合計9,300万円と記載された土地売買及び建物建築請負契約書
> ⇒軽減税率適用あり
> ⇒記載金額6,000万円の第1号の1文書，印紙税額3万円

(ニ)　軽減税率が適用されない契約書等

(イ)　契約金額が10万円以下（平成26年3月31日以前は1,000万円以下）の不動産譲渡契約書及び契約金額が100万円以下（平成26年3月31日以前は1,000万円以下）の建設工事請負契約書には，軽減税率の適用はありません。

(ロ)　不動産の譲渡又は建設工事の請負に係る契約に関して作成される文書であっても，次の文書は軽減税率の適用はありません。

①　不動産の譲渡代金又は建設工事代金の支払いのために振り出す約束手形（第3号文書）

②　不動産の譲渡代金又は建設工事代金を受領した際に作成する金銭又は有価証券の受取書（第17号の1文書）

5　文書の所属の決定

　ある文書が，印紙税の課税対象となるか，課税されるとしたらその税額はいくらか，ということは文書が課税物件表のどの号に定められた文書になるか，ということによって決まってきます。

　なお，一の文書に2以上の課税事項が記載されているものであっても，印紙税の負担額は，2以上の号に係る税額の合計額を納付するのではなく，いずれか一つの号の課税文書として所属を決定した上で，決定された号に係る税額のみを納付すればよいこととされています。

　そこで，通則によって，課税文書の所属を決定する基準が定められています。

(1) **単一の事項が記載されている文書**

　形式的に1通又は1冊になっている文書を，印紙税法上「一の文書」といっており，一の文書に課税物件のいずれか一つの号に定める事項だけが記載されている場合の文書は，その号に所属する文書となります（通則1）。

　(例)　1　土地売買契約書　⇒　第1号文書（不動産の譲渡に関する契約書）
　　　　2　金銭の受取書　⇒　第17号文書（金銭又は有価証券の受取書）

(2) **2以上の号の課税事項が併記又は混合記載されている文書**

　一の文書に2以上の号の課税事項が記載されているものを，次の三つに分類して，それぞれの事項は，それぞれの号に定める文書とすることとなっています（通則2）。

　イ　課税物件表の2以上の号の課税事項が併記又は混合記載されている文書
　　(例)　不動産と売掛債権の譲渡契約書　　第1号文書と第15号文書
　ロ　課税物件表の1又は2以上の号の課税事項と，その他の事項（不課税事項等）が併記又は混合記載されている文書
　　(例)　1　土地売買と建物移転補償契約書　第1号文書とその他の文書
　　　　　2　保証契約のある消費貸借契約書　第1号文書とその他の文書
　　　　　3　物品（機械）売買と機械据付工事契約書　第2号文書とその他の文書
　ハ　記載事項が形式的，内容的にも一つであるが，課税物件表の2以上の号の課税事項に同時に該当する文書
　　(例)　継続する請負の基本契約書　第2号文書と第7号文書

(3) **2以上の号の課税事項を記載した文書の所属の決定**

　課税物件表の2以上の号の課税事項を記載した文書については，一つの号に所属を決定した上で，所属することとなった号の印紙税額が課税されます。

　2以上の号の課税事項に対して，それぞれの号の課税額を合算して課税するのではなく，いずれか一つの号の課税文書に所属を決定し，その所属する号の

税額のみの負担を求めるものです。

　そのため，その文書の所属する号について，最終的に一つの号に決定する必要があり，その具体的な方法が次のとおり定められています（通則3）。

①　第1号又は第2号と第3号から第17号までの課税事項が記載された文書（ただし②と③の文書を除く）　⇒　第1号又は第2号文書（通則3イ）

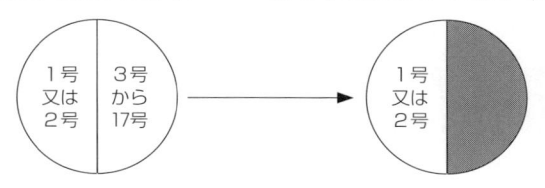

　　㈲　不動産と売掛債権譲渡契約書

　　　　第1号文書と第15号文書　⇒　所属決定　第1号文書

②　第1号又は第2号で契約金額の記載がないものと第7号の課税事項が記載された文書　⇒　第7号文書（通則3イただし書）

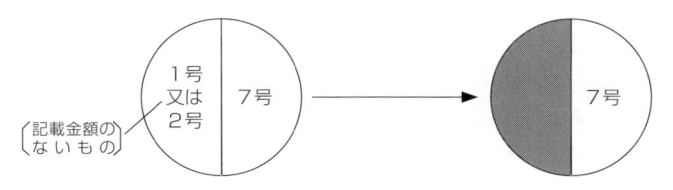

　　㈲　継続する物品運送の基本的事項を定めた記載金額のない契約書

　　　　第1号文書と第7号文書　⇒　所属決定　第7号文書

　　　　※記載金額がある場合は上記①により第1号文書に所属決定

③　第1号又は第2号と第17号の1（100万円を超える売上代金の受取金額の記載のあるものに限る）の課税事項を記載した文書で，第17号の1の売上代金の受取金額が第1号若しくは第2号の契約金額を超えるもの又は第1号若しくは第2号の契約金額の記載がないもの　⇒　第17号の1文書（通則3イただし書）

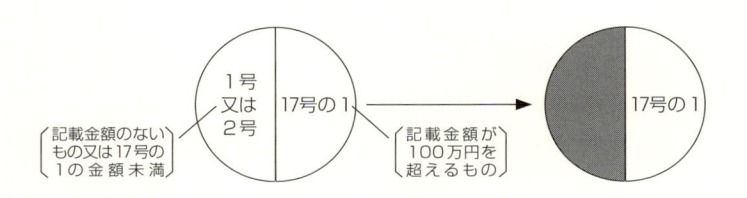

(例) 消費貸借契約と売上代金の受取書（売掛金800万円のうち600万円を領収し残額200万円を消費貸借とする文書）

第1号文書と第17号の1文書　⇒　所属決定　第17号の1文書

④　第1号と第2号の課税事項が記載された文書（ただし⑤を除く）　⇒　第1号文書（通則3ロ）

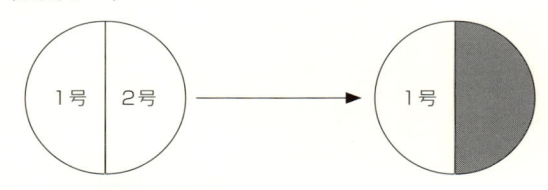

(例) 機械製作及び運送契約書

第1号文書と第2号文書　⇒　所属決定　第1号文書

⑤　第1号と第2号の課税事項を記載した文書で，それぞれ契約金額が区分記載されており，しかも，第2号文書の契約金額が第1号文書の契約金額を超えるもの　⇒　第2号文書（通則3ロただし書）

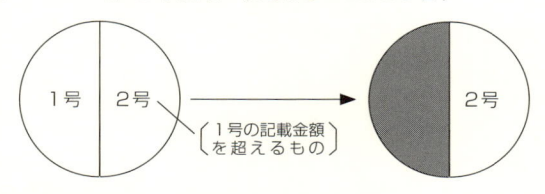

(例) 運送及び請負契約書（運送料10万円，請負代金20万円）

第1号文書と第2号文書　⇒　所属決定　第2号文書

⑥　第3号から第17号までの2以上の課税事項を記載した文書（ただし，⑦の文書を除く）　⇒　最も号数の少ない号の文書（通則3ハ）

㋑　継続する債権譲渡について基本的な事項を定めた契約書

　　　第7号文書と第15号文書　⇒　所属決定　第7号文書

⑦　第3号から第16号と第17号の1の課税事項を記載した文書のうち売上代金の受取額（100万円を超えるものに限る）の記載があるもの　⇒　第17号の1文書（通則3ハただし書）

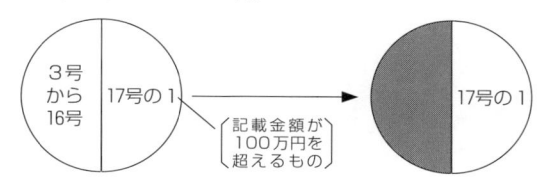

㋑　債権の譲渡契約書にその代金200万円の受取事実を記載したもの

　　　第15号文書と第17号の1文書　⇒　所属決定　第17号の1文書

⑧　第1号から第17号までと第18号から第20号までの課税事項を記載した文書（⑨⑩⑪の文書を除く）　⇒　第18号〜20号文書（通則3ニ）

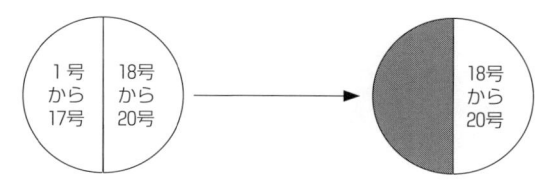

㋑　生命保険証券兼保険料受取通帳

　　　第10号文書と第18号文書　⇒　所属決定第18号文書

⑨　契約金額が50万円(注)を超える第1号と第19号又は第20号の課税事項を記載した文書　⇒　第1号文書（通則3ホ，租特法91④）

(注)　平成26年3月31日以前に作成された文書で印紙税の軽減措置が適用される第1号の1文書である場合には，10万円となる。

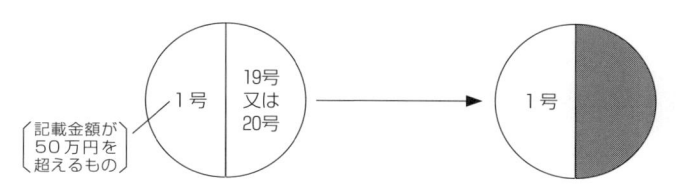

（例）　契約金額が100万円の運送契約書とその代金の受取通帳

（例）　契約金額が100万円の運送契約書とその代金の受取通帳

　　　　第1号の4文書と第19号文書　⇒　所属決定　第1号の4文書

⑩　契約金額200万円(注)を超える第2号と第19号又は第20号の課税事項を記

　載した文書　⇒　第2号文書（通則3ホ，租特法91④）

（注）　平成26年3月31日以前に作成された文書で印紙税の軽減措置が適用される第2

　　　号文書である場合には，100万円となる。

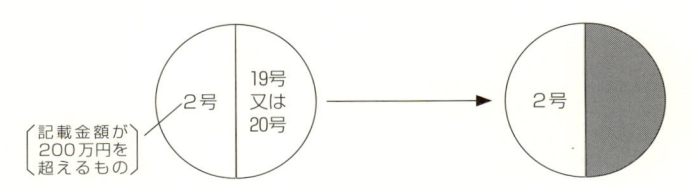

（例）　契約金額が250万円の請負契約書とその代金の受取通帳

　　　　第2号文書と第19号文書　⇒　所属決定　第2号文書

⑪　売上代金の受取額が100万円を超える第17号の1と第19号又は第20

　号の課税事項を記載した文書　⇒　第17号の1文書（通則3ホ）

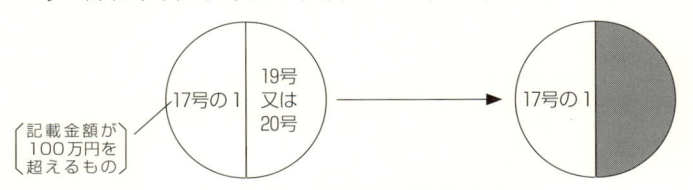

（例）　下請前払金200万円の受取書と請負通帳

　　　　第17号の1の文書と第19号文書　⇒　所属決定　第17号の1文書

⑫　第18号と第19号の課税事項を記載した文書　⇒　第19号文書（基通11）

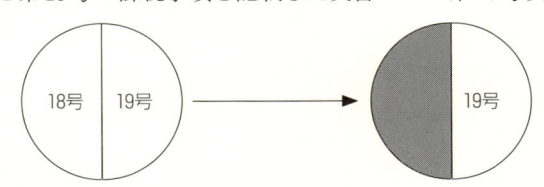

（例）　預貯金通帳と金銭の受取通帳が1冊となった通帳

　　　　第18号文書と第19号文書　⇒　所属決定　第19号文書

6　記載金額

　記載金額とは，契約金額，券面金額，その他その文書が証明する事項に関する金額として，文書に記載されている金額をいいます（通則4本文）。

(1)　契約金額の意義

　第1号文書，第2号文書及び第15号文書においては契約金額が記載金額となり，その多寡によって税率の適用区分や文書の課否判断が分かれることがありますから，その文書において契約の成立等に関して直接証明する目的をもって記載されている金額がいくらであるかを慎重に判定する必要があります。

　　イ　第1号の1文書（不動産の譲渡契約書など）及び第15号文書（債権譲渡契約書など）のうちの債権譲渡に関する契約書

　　㋑「売買」⇒　売買金額

　　　㋺　土地売買契約書において，時価60万円の土地を50万円で売買すると記載したもの

　　　　　　‥‥‥‥‥‥‥‥‥‥‥‥‥‥‥‥‥‥‥（第1号文書）　50万円

　　　㊟　60万円は評価額であり売買金額（契約金額）ではありません。

　　㋺「交換」⇒　交換金額

　　　交換契約書に交換対象物の双方の価額が記載されているときにいずれか高い方（等価交換のときは，いずれか一方）の金額が，交換差金のみが記載されているときは当該交換差金がそれぞれ交換金額になります。

　　　㋺　土地交換契約書において，

　　　①　甲の所有する土地（価額100万円）と乙の所有する土地（価額110万円）とを交換し，甲は乙に10万円支払うと記載したもの

　　　　　　‥‥‥‥‥‥‥‥‥‥‥‥‥‥‥‥‥‥‥（第1号文書）110万円

　　　②　甲の所有する土地と乙の所有する土地とを交換し，甲は乙に10万円支払うと記載したもの

　　　　　　‥‥‥‥‥‥‥‥‥‥‥‥‥‥‥‥‥‥‥（第1号文書）　10万円

(ハ) 「代物弁済」 ⇒ 代物弁済により消滅する債務の金額

代物弁済の目的物の価額が消滅する債務の金額を上回ることにより，債権者がその差額を債務者に支払う場合は，その差額を加えた金額となります。

(例) 代物弁済契約書において，

① 借用金100万円の支払に代えて土地を譲渡するとしたもの

……………………………………………（第1号文書）100万円

② 借用金100万円の支払に代えて150万円相当の土地を譲渡するとともに，債権者は50万円を債務者に支払うとしたもの

……………………………………………（第1号文書）150万円

(ニ) 「法人等に対する現物出資」 ⇒ 出資金額

(ホ) その他 ⇒ 譲渡の対価たる金額

(注) 贈与契約においては，譲渡の対価たる金額はないことから，契約金額はないものとして取り扱われます。

なお，受贈者が贈与者の債務の履行を引き受けることを条件とする負担付贈与契約も同様に無償契約ですから，原則として記載金額のない契約書となりますが，負担の価格が贈与の目的物の価格と同等又はそれ以上である場合等その実質が売買契約又は交換契約と認められる場合は，記載金額のある契約書として取り扱われます。

ロ 第1号の2文書（土地賃貸借契約書など） ⇒ 設定又は譲渡の対価たる金額

「設定又は譲渡の対価たる金額」とは，賃貸料を除き，権利金その他名称のいかんを問わず，契約に際して相手方当事者に交付し，後日返還されることが予定されていない金額をいいます。

したがって，後日返還されることが予定されている保証金，敷金等は，契約金額には該当しません。

ハ 第1号の3文書（消費貸借契約書） ⇒ 消費貸借金額

消費貸借金額には利息は含まれません。

ニ 第1号の4文書（運送契約書など） ⇒ 運送料又は用船料

ホ 第2号文書（請負契約書） ⇒ 請負金額

　ヘ　第15号文書のうちの債務引受けに関する契約書　⇒　引き受ける債務の
　　金額

(2) 記載金額についての具体的な取扱い

　イ　1通の文書に，課税物件表の同一の号の課税事項の記載金額が2以上あ
　　る場合には，合計額が記載金額となります（通則4イ）。

> （例）　1　請負契約書　A工事200万円，B工事300万円
> 　　　　　　⇒　第2号文書　記載金額は500万円
> 　　　　2　不動産と地上権の譲渡契約書
> 　　　　　不動産価格800万円，地上権価格500万円
> 　　　　　　⇒　第1号文書　記載金額は1,300万円

　ロ　1通の文書に，課税物件表の2以上の号の課税事項が記載されている場
　　合には，次の区分により記載金額を判定します（通則4ロ）。

　（イ）　2以上の号の記載金額が，それぞれ区分して記載されている場合には
　　　所属することになる号の記載金額となります（通則4ロ㈠）。

> （例）　不動産と売掛債権譲渡契約書
> 　　　　不動産700万円，売掛債権200万円
> 　　　　　⇒　第1号文書　記載金額は700万円

　（ロ）　2以上の号の記載金額が，区分して記載されていない場合には，その
　　　金額が記載金額となります（通則4ロ㈡）。

> （例）　不動産と売掛債権譲渡契約書
> 　　　　不動産と売掛債権900万円
> 　　　　　⇒　第1号文書　記載金額は900万円

　ハ　契約金額の一部が記載されている場合は，その記載された一部の契約金
　　額が，その文書の記載金額となります。

> （例）　請負契約書に，「A工事200万円。ただし，附帯工事については実費によ
> 　　　　る。」と記載されたもの　⇒　記載金額200万円の第2号文書

27

ニ　文書に記載された単価，数量，記号その他により，記載金額を計算する
　　ことができる場合には，計算により算出した金額が記載金額となります（通
　　則4ホ㈠）。

> ㈎　物品加工契約書　A商品単価500円　数量10,000個
> 　　⇒　第2号文書　記載金額は500万円

ホ　第1号又は第2号に掲げる文書に，その文書に係る契約についての契約
　　金額又は単価，数量，記号その他の記載のある見積書，注文書その他これ
　　らに類する文書（課税物件表に掲げる文書に該当するものは除く）の名称，
　　発行の日，記号，番号等の記載があることにより，当事者間においてその
　　契約についての契約金額が明らかである場合又は計算をすることができる
　　場合には，その明らかである契約金額又は計算により算出された契約金額
　　が記載金額となります（通則4ホ㈡）。

> ㈎　工事請負注文請書
> 　　「請負金額は貴注文書第○号のとおりとする。」とする工事請負に関する
> 　　注文請書で，注文書に記載されている請負金額が500万円
> 　　⇒　第2号文書　記載金額は500万円

　　【参考：第1号又は第2号に掲げる文書に係る記載金額の判定の法則】
　　　［原則］　⇒　その文書に記載されている事項だけで判断する。
　　　［例外］　⇒　他の文書を引用している場合は，他の文書の記載事
　　　　項を加味して，その文書の記載金額を判断する。
　　　［例外の例外（原則に戻る）］　⇒　引用する他の文書が課税文書の
　　　　場合は，その課税文書の記載事項は加味せず，その文書に記載さ
　　　　れている事項だけで判断する。

ヘ　文書が売上代金に係る金銭又は有価証券の受取書である場合には，次の
　　区分によって記載金額を判定します（通則4ハ）。
　㈠　受取書の記載金額が，売上代金の金額とその他の金額に区分して記載
　　　されている場合には，売上代金の金額のみが記載金額となります（通則

４ハ㈠)。

㈲　物品の販売代金500万円，貸付金の返済金300万円 ⇒　第17号の１文書　記載金額は500万円

(ロ)　受取書の記載金額が，売上代金の金額とその他の金額に区分されていない場合には，その記載金額が売上代金の金額となります（通則４ハ㈡)。

㈲　物品の販売代金と貸付金の返済金合計800万円 ⇒　第17号の１文書　記載金額は800万円

ト　売上代金として受け取る有価証券の受取書に，その有価証券の発行者の名称，発行の日，記号，番号その他の記載があることにより，当事者間においてその受取金額を明らかにすることができる場合には，その明らかにすることができる金額が記載金額となります（通則４ホ㈢)。

㈲　領収書 物品売買代金の受取書で，○○㈱発行の№××の小切手と記載したもの（その小切手の券面金額250万円） ⇒　第17号の１文書　記載金額は250万円

チ　売上代金として受け取る金銭又は有価証券の受取書にその売上代金に係る受取金額の記載がある支払通知書，請求書その他これらに類する文書の名称，発行の日，記号，番号その他の記載があることにより，当事者間においてその受取金額が明らかである場合には，その明らかである受取金額が記載金額となります（通則４ホ㈢)。

㈲　領収書 「令和○年○月分の販売代金として令和○年○月○日付請求書の金額を受領した」旨を記載したもの（請求書の金額は250万円） ⇒　第17号の１文書　記載金額は250万円

リ　文書の記載金額が，外国通貨によって表示されている場合には，文書を作成した日の基準外国為替相場又は裁定外国為替相場により，本邦通貨に

換算した金額が記載金額となります（通則4へ，基通24（十））。

(注)　基準外国為替相場又は裁定外国為替相場は，日本銀行のホームページ（http://www.boj.or.jp/）で確認できます。

ヌ　記載されている金額が予定金額，概算金額，最低金額あるいは最高金額であっても，それぞれ記載金額となります。

　　なお，最低金額と最高金額が双方とも記載されている場合は，最低金額が記載金額となります。

ル　手付金額又は内入金額が記載されている契約書については，手付金は契約締結の際に契約当事者間で授受される金銭で，解約手付け，証約手付け，成約手付け，違約手付け等，種々の目的のものがありますが，いずれも契約が履行されるときは代金などの一部に充てられるものです。

　　また，内入れ金は契約代金の金額の支払いに先立って支払われる代金の一部弁済ですが，中には解約手付けの性質を持つものもあります。

　　しかし，手付金も内入金もその契約金額そのものではないことから，たとえ契約書に手付金額又は内入金額が記載されていても，記載金額に該当しないものとして取り扱われます。

　　ただし，その記載があることにより契約金額が計算できる場合などは，記載金額と判定される場合があります。

　　例えば，「手付金（内入金）額は契約金額の1割に相当する10万円とする。」と記載がある場合は，その手付金（内入金）額10万円から逆算される100万円が契約金額とされることになります。

　　なお，契約書に100万円を超える手付金額又は内入金額の受領事実が記載されている場合には，当該文書は，通則3のイ又はハのただし書の規定によって第17号の1文書（売上代金に係る金銭又は有価証券の受取書）に該当するものがあることに留意する必要があります（基通28）。

ヲ　月単位等で契約金額を定めている契約書で，契約期間の記載のあるものはその月単位等での契約金額に契約期間の月数等を乗じて算出した金額が記載金額となり，契約期間の記載のないものは記載金額がないものとなり

ます。

　なお，契約期間の更新の定めがある契約書については，更新前の期間のみを記載金額算出の基礎とし，更新後の期間は考慮しないものとしています（基通29）。

> ⑨　ビル清掃請負契約書において，「清掃料は月10万円，契約期間は1年とするが，当事者異議なきときは更に1年延長する。」と記載したもの
> 　　⇒　記載金額120万円（10万円×12月）の第2号文書

ワ　契約金額を変更する変更契約書の記載金額は，それぞれ次によります（通則4ニ，基通30）。

　㈠　その変更契約書に係る契約についての変更前の契約金額等の記載されている契約書が作成されていることが明らかであり，かつ，その変更契約書に変更金額（変更前の契約金額と変更後の契約金額の差額，すなわち契約金額の増減額）が記載されている場合（変更前の契約金額と変更後の契約金額の双方が記載されていることにより変更金額を明らかにできる場合を含む）

　　①　変更前の契約金額を増加させるものは，その増加額が記載金額となります。

> ⑨　土地売買契約変更契約書に
> 　1　令和○年○月○日付土地売買契約書の売買金額1,000万円を100万円増額すると記載したもの　⇒　記載金額100万円の第1号文書
> 　2　令和○年○月○日付土地売買契約書の売買金額1,000万円を1,100万円に変更すると記載したもの　⇒　記載金額100万円の第1号文書

　　②　変更前の契約金額を減少させるものは，記載金額のないものとなります。

> ⑨　土地売買契約変更契約書に
> 　　令和○年○月○日付土地売買契約書の売買金額を100万円減額すると記載したもの，又は売買金額1,000万円を900万円に変更すると記載したもの
> 　　⇒　記載金額のない第1号文書

(ロ)　上記(イ)以外の変更契約書

　　① 　変更後の契約金額が記載されているもの（変更前の契約金額と変更
　　　金額の双方が記載されていることにより変更後の契約金額が計算でき
　　　るものも含みます）は，その変更後の契約金額が，その文書の記載金
　　　額となります。

> 　(例)　土地売買契約変更契約書に
> 　　1 　当初の売買金額1,000万円を100万円増額（又は減額）すると記載
> 　　したもの　⇒　記載金額1,100万円（又は900万円）の第1号文書
> 　　2 　当初の売買金額を1,100万円に変更すると記載したもの
> 　　　⇒　記載金額1,100万円の第1号文書

　　② 　変更金額だけが記載されているものは，その変更金額が，その文書
　　　の記載金額となります。

> 　(例)　土地売買契約変更契約書に
> 　　当初の売買金額を100万円増額（又は減額）すると記載したもの
> 　　　⇒　記載金額100万円の第1号文書

　カ 　消費税及び地方消費税の金額が記載された契約書等の記載金額の取扱い
　(イ)　第1号文書，第2号文書及び第17号文書において，消費税及び地方消
　　　費税（以下「消費税等」といいます）の金額が区分記載されている場合
　　　には，当該金額は記載金額に含めません。

> 　(例)　1 　領収書 「請負代金100万円，消費税等10万円，計110万円」
> 　　　⇒　第17号の1文書　記載金額は100万円
> 　　2 　領収書 「領収金額110万円（消費税等を含む）」
> 　　　⇒　第17号の1文書　記載金額は110万円
> 　　※ 　区分記載されていないので，110万円が記載金額となる。

　(ロ)　消費税等のみが記載されている場合は，税率適用に当たっての記載金
　　　額はないものとします。

　　　したがって，第1号文書，第2号文書では「契約金額の記載のないも
　　　の」として，第17号文書では「売上代金以外の受取書」であって「受取

金額の記載のないもの」に該当して，それぞれ印紙税額は200円になります。

　なお，第1号文書，第2号文書では，記載された金額が「1万円未満のもの」は非課税となり，第17号文書では記載された受取金額が「5万円未満のもの」は非課税となるので，留意が必要です。

(ハ)　手形（第3号文書）に係る金額について，消費税等の金額を区分記載しても，消費税等の金額を含めた総額が手形債権となり，記載金額とされます。

　同様に債権譲渡契約（第15号文書）の債権額について，消費税等の金額を区分して記載しても，消費税等の金額を含めた総額が債権額となり，記載金額とされます（課税資産の譲渡等に係る売掛債権額には消費税額が含まれていますが，金銭債権の譲渡は消費税が非課税となりますので，譲渡金額の総額が金銭債権の金額となります）。

ヨ　無償等と記載された文書の記載金額の取扱い

　契約金額が「無償」，「0円」と記載されている場合には，契約金額がないという意味合いのものですから，記載金額とは取り扱われません。

　したがって，このように記載された文書は，免税点以下の金額が記載されたものとして非課税文書に該当するものではなく，記載金額のない契約書として課税されることになるので，留意が必要です。

　なお，「修理」，「加工」等の契約において，一切の対価を受けない場合には，請負契約には該当しないこととなりますから，例えば，「無償」等と記載された修理引受書などの文書は，第2号文書（請負に関する契約書）には該当しないことになります。

7　納税義務者と納税義務の成立

(1)　納税義務者

イ　課税文書の作成者

　課税文書の作成者は，作成した課税文書の印紙税を納める義務があります（法

3①)。

　課税文書の作成者とは，通常は文書の作成名義人となりますが，これには例外もあります。具体的には，次の区分によって，それぞれに定められた者が作成者として納税義務者となります。

　(イ)　事業主の業務に関して，従業員などの名義で作成する課税文書は，事業主

　(ロ)　法人の業務に関して，法人の代表者名義で作成する課税文書は，法人

　(ハ)　委任（事務委任を含む）により代理人が，委任事務の処理のために代理人名義で作成する課税文書は，代理人

　(ニ)　その他の課税文書は，課税文書に記載された作成名義人

ロ　連帯納税義務者

　一つの課税文書を2以上の者が共同して作成した場合には，共同作成者は，連帯して納税義務者となります（法3②）。

　なお，例えば，不動産売買契約における仲介人，消費貸借契約における保証人は，契約に参加する当事者であり，契約当事者に含まれることになって，その所持する契約書は課税の対象になりますが，納税義務者とはなりません。

　この場合は，売買取引の売主と買主あるいは消費貸借契約の貸主と借主に納税義務が生ずることとなり，契約当事者が所持する契約書全てに連帯納税義務が生じます。

(2)　**納税義務の成立**

イ　納税義務の成立時点

　印紙税の納税義務は課税文書の作成の時に成立します（国税通則法15②十二）。

　「課税文書の作成」とは，原則として，課税文書を物理的に作り（調製し），文書の作成目的に従って行使することをいいます（基通44）。

　したがって，「作成の時」とは，次に掲げる時となります。

　(イ)　金銭の受取書などのように，文書が取引の相手方に交付する目的で作られるものは，その交付の時

　(ロ)　契約書などのように，文書が当事者の意思の合致したことを証明する目

的で作られるものは，その証明の時（当事者の署名押印など）

　(ハ)　通帳などのように，文書が継続して付込み証明する目的で作られるもの
　　　は，最初の付込みの時

　このように，印紙税法上の作成とは，文書の物理的な作成（調製）行為を意味するものではなく，文書に記載された事項の証明効果を発生させる行為をいいます。

　したがって，ある文書が，たとえ課税文書としての体裁を整えていても，その作成目的に従って行使しない限り納税義務は成立しないことになります。

ロ　外国で作成する文書の納税義務の成立

　印紙税法は日本の国内法ですから，その適用地域は日本国内（いわゆる本邦地域内）に限られることになります。

　したがって，課税文書の作成が国外で行われる場合には，たとえその文書に基づく権利の行使が国内で行われるとしても，また，その文書の保存が国内で行われるとしても，印紙税の納税義務は生ぜず，課税されないことになります。

　なお，上記イのとおり，印紙税法の課税文書の作成とは，単なる課税文書の調製行為をいうのではなく，課税文書となるべき用紙等に課税事項を記載し，これをその文書の目的に従って行使することをいいます。

　そのため，相手方に交付する目的で作成する課税文書（例えば，請書，受取書など）はその交付の時となりますし，契約書のように当事者の意思の合致を証明する目的で作成する課税文書は，その意思の合致を証明する時となります。

　したがって，例えば，日本国内法人に対する売上代金の受取書を外国法人が外国において作成（調製）して，これを日本国内に持ち込んで，日本国内法人に交付する場合には，交付する時点が作成の時となりますから，その受取書（受取金額が5万円超となるもの）には印紙貼付が必要となります（この逆のケースでは不要となります）。

　また，契約書についてみると，通常双方署名押印等する方式の文書となることから，契約の当事者の一方が課税事項を記載し，これに署名押印した段階では，契約当事者の意思の合致を証明することにはならず，一方の契約当事者が

署名等をするときに課税文書が作成されたことになります。

　したがって，双方の署名押印等がそろった時点がその契約書の作成時点となりますから，契約書が作成された場所（両当事者の署名・押印がそろった場所）が印紙税法施行地内（日本国内）であれば，課税文書となりますし，法施行地外（外国）であれば，印紙税は課税されないことになります。

コラム5 ─（国内法の宿命）【海外での文書の作成】─

　印紙税は国内法であることを踏まえると，本文でも説明しましたが，文書を海外で作成すれば，たとえその文書の保存又は権利の行使が国内で行われるものであっても，日本の印紙税は課税されません。

　例えば，日本国内に所在する土地の売買契約を締結するに当たって，居住者である契約当事者同士（売主と買主）が海外旅行等のついでに，海外において，その契約書を作成したとしても，日本の印紙税は課税されません。

　これについて，若干の補足説明をします。

　この場合は，権利の行使のみならず，契約当事者双方の文書の保存も国内で行われますから，税務調査に備え，事実認定で否認されないような準備が肝要と思われます。

　そこで，例えば，契約書上に作成場所を明記するほか，往復の航空チケットの写し，海外での宿泊先のレシート，あるいは，海外で調印している場面の写真などを一連の関係書類として保存していれば完璧でしょう。

　なお，文書を海外で作成する場合は，作成場所の国によっては，印紙税又は印紙税類似の税金が課される場合があるかもしれませんので，留意する必要があります。

ハ　課税文書の作成とみなす場合など

　印紙税の納税義務は，課税文書の作成の時に成立しますが，全てについてこの原則を当てはめると，税負担の不均衡が生じたり，印紙税納付の実態と著しくかけ離れたりする不都合が生ずることがあります。そこで，次の場合には印紙税法上課税文書の作成があったものとみなしています（法4）。

　(イ)　手形を作成したものとみなす場合（法4①）

　　　　約束手形や為替手形を，手形金額を記載しないまま振り出したり，引き

受けたりした後に，手形金額が補充される場合には，その補充をした者が，その補充をした時に，手形を作成したものとみなされます。

(ロ)　通帳などを作成したものとみなす場合（法4②）

通帳や判取帳を1年以上継続して使用する場合には，その通帳を作成した日から1年を経過した日（翌年の応当日）以後，最初の付込みをした時に，新たにそれらの通帳等が作成されたものとみなされます。

したがって，例えば，数年間使用することとしている駐車場の使用料の受取通帳に毎月の使用料の受領事実を付け込む場合は，最初の付込みの時に400円の印紙を貼り付け，以後1年経過した日（翌年の応当日）以後の最初の付込み時に新たに400円ずつ印紙を貼り付ける必要があります。

(ハ)　通帳などへの付込みがある一定の金額を超える場合に，それぞれの課税事項に関する契約書等が作成されたとみなす場合（法4④）

通帳等に次の事項の付込みがされた場合において，その付込みがされた事項に係る記載金額が次に掲げる金額であるときは，その付込みがされた事項に係る部分については，通帳等への付込みがなく，次に掲げる課税文書の作成があったものとみなされます。

①　第1号（消費貸借に関する契約書等）の課税文書により証されるべき事項　10万円（租特法第91条第2項の軽減措置が適用される不動産譲渡契約書の場合は50万円）を超える金額　⇒　第1号文書

例えば，貸付金通帳に貸付金額30万円を付込み証明したときには，その30万円の付込みは，貸付金通帳への付込みにはならず，新たな「消費貸借に関する契約書（第1号の3文書）」を作成したものとみなされます。

②　第2号（請負に関する契約書）の課税文書により証されるべき事項　100万円（租特法第91条第3項の軽減措置が適用される建設工事請負契約書の場合は200万円）を超える金額　⇒　第2号文書

例えば，注文請負通帳に請負金額150万円を付込み証明したときには，その150万円の付込みは，注文請負通帳への付込みにはならず，新たな「請負に関する契約書（第2号文書）」を作成したものとみなされます。

③　第17号の１（売上代金に係る金銭又は有価証券の受取書）の課税文書により証されるべき事項　100万円を超える金額　⇒　第17号の１文書

例えば，金銭の受取通帳に受取金額300万円を付込み証明したときには，その300万円の付込みは，その金銭の受取通帳への付込みにはならず，新たな「売上代金に係る金銭又は有価証券の受取書（第17号の１文書）」を作成したものとみなされます。

(ニ)　課税文書を国等と国等以外の者が共同作成した場合のみなし規定（法４⑤）

国等（国，地方公共団体又は法別表第二に掲げる者（沖縄振興開発金融公庫など））が作成する文書は非課税となります。

この国等が契約の一方の当事者である場合は，作成される契約書は国等と国等以外の者が共同して作成した文書となり，この場合には，契約書を相互に交換しているものと考え，国等が所持するものは国等以外の者が作成したものと，また，国等以外の者が所持するものは，国等が作成したものとみなされます。

例えば，国と営利法人２者との間で共同して文書を作成し，それぞれがその文書を所持することとした場合は，国が所持する文書のみが課税され，その国等が所持する文書は営利法人２者の連帯納税義務となります。

8　納 付 手 続

(1)　印紙納税方式による場合

イ　印紙の貼り付けによる納付

課税文書の作成者は，税印押なつなど特別の場合を除いて，文書の作成の時までに，課税される印紙税に相当する金額の印紙を文書に貼り付ける方法で印紙税を納付しなければなりません（法８①）。

この場合に作成者は，文書と印紙の彩紋（模様）とにかけてはっきり印紙を消さなければなりません（法８②）。

収入印紙を消す方法は，文書の作成者又は代理人，使用人その他の従業者

の印章又は署名によることとされています（令5）。

　なお，消印は収入印紙の再使用を防止する目的のものですから，ここでいう印章には，通常の印鑑のほか，日付印や役職名などが表示された印など，その文書に押した印鑑と異なる印で消しても良く（基通65），また，例えば，共同作成文書の場合，作成者全員で消す必要はなく，一人の者が消すことでも構いません。

コラム6　―収入印紙の種類，用途―

　収入印紙は，印紙税納付だけでなく，政府に対する各種許可申請の際の手数料，罰金，訴訟費用，不動産登記における登録免許税，各種国家試験の受験手数料の支払いなどにも利用されています。

　なお，印紙をもってする歳入金納付に関する法律第2条において，「印紙をもって租税及び国の歳入金を納付するときは，収入印紙を用いなければならない。」と規定されています。

　現在，国が発行している印紙には，収入印紙のほか，自動車重量税印紙，雇用保険印紙，農産物検査印紙，自動車検査登録印紙，健康保険印紙，特許印紙及び登記印紙がありますが，印紙税の納付には収入印紙によらなければならないこととされています。

　ところで，収入印紙の形式については，「収入印紙の形式を定める告示（昭和23年大蔵省告示第39号）・最終改正は平成30年財務省告示146号」により，定められています。

　現在発行中のものは,30円～10万円のものですが，偽造が後を絶たないことから，たびたび，高度な偽造防止技術を施したものへのデザイン変更がなされています。

　余談ですが，郵便切手は数多くの記念切手を発行しています。一方，記念収入印紙も発行されていますが，昭和48年に発行された「印紙制度百年記念収入印紙」が唯一となっています。

ロ　税印による納付の特例

　課税文書の作成者は，特定の課税文書に対し印紙を貼り付けることの代わりに，印紙税額を金銭で納付して，特定の税務署長に，税印を押してもらう

ことができます（法9）。

ハ　印紙税納付計器の使用による納付の特例

　　課税文書の作成者は，一定の手続により所轄税務署長の承認を受けて印紙
　税納付計器を設置し，印紙税額をあらかじめまとめて金銭で納付の上，課税
　文書に印紙を貼り付ける代わりに，この計器を使用し印紙税額を表示した納
　付印を押すことができます（法10）。

(2)　**申告納税方式による場合**

イ　書式表示による申告と納付の特例

　　課税文書の作成者は，一定の条件に合った課税文書の印紙税について，所
　轄税務署長の承認を受けて，課税文書に一定の書式を表示し，事後に課税文
　書の作成数量に基づき金銭で申告納税することができます（法11）。

ロ　預貯金通帳等の申告と納付の特例（一括納付）

　　一定範囲の預貯金通帳等の作成者は，所轄税務署長の承認を受けて，毎年
　4月1日から翌年3月末日までの間に作成される預貯金通帳等に一定の書式
　を表示し，4月1日現在の口座数を基にして計算した印紙税額を申告し，金銭
　で納税することができます（法12）。

9　過誤納金の還付と充当

　国税に関する過誤納金の還付と充当については，原則として，国税通則法の
定めるところによります（国税通則法56，57）。

　しかしながら，印紙税は他の一般の国税と異なり，納税義務の成立と同時に
税額も確定する印紙納税方式を原則としていて，国税通則法の規定だけでは実
情に適さない場合があることから，以下のような制度が手当されています。

(1)　**過誤納金の確認**

　印紙税法は，国税通則法の例外規定を設けて，申告納税方式以外の方法によ
って納付した印紙税は，一定の手続により，過誤納の事実について，納税地の

所轄税務署長の確認を受けることにより還付することとしています（法14）。

　例えば，次のような場合には，この手続によって過誤納金の還付を受けることができます。

　　イ　印紙税の納付の必要がない文書に，誤って印紙を貼り付けたり，納付印を押したりした場合

　　ロ　課税文書に正当額以上の金額の印紙を誤って貼り付けた場合

　　ハ　課税文書の用紙にあらかじめ印紙を貼り付けたり，税印を押したり，納付印を押したりしたものが，破れたり，汚したり，書き損じたりその他の理由によって課税文書として使用する見込みがなくなった場合

(2)　過誤納金の還付を受ける方法

　過誤納の事実があることについて所轄税務署長の確認を受けるため，「印紙税過誤納確認申請書」を提出するとともに，印紙税が過誤納となっている文書を提示することが必要となります。

　税務署長は，提示された文書について印紙税の過誤納の事実を確認した場合には，その文書に貼られている印紙に「過誤納処理済」等と表示した印を押して返戻するほか，過誤納金を還付することになります。

(3)　過誤納金の充当

　過誤納金は，課税文書に税印の押なつを受ける場合や，印紙税納付計器を使用する場合に，納付する印紙税に充当するよう税務署長に請求することができます（法14②）

10　納　税　地

(1)　印紙の貼り付けにより納付する文書

　　イ　課税文書に作成場所が明らかにされているもの

　　　　課税文書に記載されている作成場所（法6四）

　　ロ　課税文書に作成場所が明らかにされていないもの

(イ) 課税文書に作成者の本支店，出張所，事業所その他これらに準ずるものの所在地が記載されているもの　その所在地（令4①一）

(ロ) (イ)以外のもの　課税文書の作成の時の作成者の住所（令4①二）

ハ　共同作成した課税文書でその作成場所が明らかにされていないもの

(イ) 作成者が所持しているもの所持している場所（令4②一）

(ロ) 作成者以外の者が所持しているもの作成者のうち，課税文書に最も先に記載されている者がその文書を作成したものとした場合の前記ロの(イ)か(ロ)に規定する場所（令4②二）

(2)　税印の押なつにより納付する文書

税印押なつの請求を受けた税務署長の所属する税務署の管轄区域内の場所（法6二）

(3)　印紙税納付計器により納付する文書

印紙税納付計器を設置した場所（法6三）

(4)　申告納税方式によって納税する文書

その承認をした税務署長の所属する税務署の管轄区域内の場所（法6一）

11　過 怠 税

(1)　過怠税の性格

過怠税は，二つの性格を持っており，その第1は，印紙を貼り付けて納付する印紙税を納付しなかったことに対する税額の追徴という性格です。

これは，他の国税で納付不足があった場合には，更正処分などによって，不足の税額を追徴することになっているのに対して，印紙納付の方法によって納税する印紙税は，1件当たりの税額が少額であるため，特に本税としての印紙税の追徴を単独で行わないで，次に述べる行政的制裁としての金額と併せて徴収しようとするものです。

　第2は，財政権の侵害行為や侵害行為を誘発するおそれのある行為に対する行政的制裁の性格を持っていることです。

　すなわち，故意過失の区別なく，印紙税を納付しなかった行為や貼り付けた印紙を消さなかった行為は，いずれも納税秩序を維持するための義務に違反した行為であるため，他の国税でも，このような義務違反行為に対し行政制裁として各種の附帯税を課しているのと同様の趣旨で，違反者から一定の金額の制裁金を徴収しようとするものです。

(2)　過怠税の賦課徴収

　印紙税は文書の作成の時までに収入印紙を貼り付けることとされており，法的に事後貼付は認められていません。

　このため，印紙税の不納付事実（印紙の貼り漏れ）が発覚した場合は，所得税，法人税等のような修正申告といった是正手段はなく，納付しなかった印紙税の3倍又は1.1倍の過怠税が賦課決定されることとなっています。

　この過怠税は，「印紙不貼付過怠税」と「印紙不消印過怠税」とに分かれます。

　「印紙不貼付過怠税」は，課税文書に印紙を全く貼り付けなかったり，貼り付けた印紙の金額が不足であったりした場合に課税され，過怠税額は，原則として納付しなかった印紙税額とその2倍の金額の合計額となります（全体では納付しなかった印紙税額の3倍となります（法20①））。

　なお，課税文書の作成者から印紙税を納付していないことの申出があり，その申出が調査を受け，過怠税の賦課決定があることを予知してされたものでない場合の過怠税額は，納付しなかった印紙税額とその印紙税額の10%の金額の合計額となります（全体では納付しなかった印紙税額の1.1倍となります（法20②，令19））。

　また，「印紙不消印過怠税」は，課税文書に印紙を貼り付けたが，印紙に所定の消印をしなかった場合に課税されるもので，過怠税額は消印しなかった印紙の額面金額に相当する金額となります（法20③）。

　過怠税の徴収に当たり，過怠税の合計額が1,000円に満たないときには，1,000

円とし（ただし，上記なお書きの1.1倍の過怠税の場合を除きます），賦課課税方式によって徴収されます（法20④，国税通則法32）。

【参考】

過怠税を納付した企業等では，決算の際にはその納付した過怠税を販売費及び一般管理費などとして損益計算書等に計上することとなりますが，この過怠税については，所得税や法人税の所得計算上は必要経費や損金に算入することができないことになっています（所得税法第45条1項，法人税法第38条2項）。

したがって，所得税や法人税の申告に当たっては，その納付した過怠税の金額全額（3倍の過怠税の場合は3倍の金額，1.1倍の過怠税の場合は1.1倍の金額）を，決算利益等に加算する調整（申告調整）を行う必要があります。

(3) 申告納税方式に対する過怠税の不適用

申告納税方式（印紙税法11条又は12条適用）により納付される印紙税には，過怠税は適用されません。

申告納税方式の場合は，他の国税と同様に国税通則法の規定に従って，修正申告等（又は更正の請求等）による是正となり，修正申告等があった場合には原則として加算税が賦課されることになります。

コラム7　―印紙税に係る訴訟が極めて少ない事情―

　現行の印紙税法は，昭和42年に施行されましたが，訴訟事案は皆無といっても過言ではありません。

　最近では，次の平成27年の「判取帳」に係る事案だけです。

> 「お客様返金伝票綴り」に係る印紙税賦課決定処分の適否が争われた事例
> （平成27年12月18日，東京地裁・平成27年（行ウ）第28号，棄却）
> （平成28年6月29日，東京高裁・平成28年（行コ）第14号，棄却）
> （平成29年2月23日，最高裁，上告棄却決定，上告不受理決定）

　なぜ，訴訟事案が極めて少ないのでしょうか。

　印紙税の課税対象となる文書に収入印紙の貼り漏れが発覚した場合，法的には事後貼付は認められていません。この場合は，納税者は所轄税務署に不納付事実の申出を行い，税務署からの過怠税の賦課決定を受けて納税する仕組みになっています。そして，印紙税の過怠税は，原則，税相当額の3倍ですが，自主的な不納付の申出の場合は，その額は1.1倍に軽減されています。

　ところで，印紙税調査において，国税当局が印紙の貼り漏れの一部を発見した場合は，その不納付の形態が収入印紙の再使用など悪質な場合を除いて，企業に対しその全容の自主点検（自主監査），すなわち，自主的な不納付の申出をしょうようし，1.1倍の過怠税を賦課決定することが実務の通例となっています。そして，この自主点検に応じない場合は，原則どおり，税務署は全ての不納付事実を確認の上，3倍の過怠税を賦課決定することになります。

　1.1倍と3倍の差異，また，全額が所得税法上の必要経費又は法人税法上の損金に該当しないことをも考慮すれば，納税者側は，よほどの事情が存在しない限り，自主点検の道を選択するはずです。

　自主的な不納付の申出は，課否判断に異論はない，1.1倍の賦課決定に異論はない，という選択肢になりますから，争訟の道を放棄するということにつながるわけです。

　また，国税当局も，自ら3倍の賦課決定をするとなると，争訟を念頭に，精緻な検討及び細部の証拠固めが必要になると思われますが，1.1倍の自主不納付の申出であれば，そこまで厳密な検討を要しないという利点があると思われます。

　このように，1.1倍の過怠税の軽減制度は，納税者にとっても，国税当局にとっても，利益の多い制度ですから，結果として，争訟に発展するケースは少なくなる

ものと考えられます。

　なお，旧印紙税法の時代には，印紙の貼り漏れ事案については通告処分が行われていましたが，納税資金がない等の理由で処分不履行になると，告発，すなわち，刑事事件に発展していました。そこで，旧印紙税法時代には，刑事事件としての訴訟事例が少なからず見受けられます。

（注）　現行印紙税法の下でも，国税不服審判所における裁決事例は，いくつかあります。

第２部

印紙税の非違（不納付）事例と実務対応

印紙税の非違つまり法令等の適用の誤りによる不納付には，様々な態様がありますが，ここでは典型的な誤りとされる事例を中心にいくつか紹介していくこととします。

1　課否判定誤りによる非違（不納付）事例

　印紙税の誤りで多いのは課否判定誤りです。

　その原因は，契約書等の記載内容が印紙税法上の課税事項に当たっていることの認識がないなど，担当者の認識不足，知識不足が原因で不納付となっている場合や，課税事項の把握が必要という認識はあるものの把握しきれていないために不納付になっている場合があります。

　税務当局からの不納付文書の指摘に対して，「課税文書とは思っていなかった。」といったようなケースが多く，細部にわたる課否の検討を行うことができていなかった事例が多いのではないかと思います。

　そこで，現場でよく見受けられる課否判定誤りの事例（CASE01〜18）について取り上げて解説していきます。

2　記載金額の把握漏れ，算定誤りによる非違（不納付）事例

　印紙税においては，定額の税率（200円，400円，4,000円など）が適用される文書と，取引額に応じた階級定額税率が適用される文書とがあります。

　この階級定額税率が適用される文書には，第1号文書（不動産等の譲渡に関する契約書，土地の賃借権の設定又は譲渡に関する契約書，消費貸借に関する契約書，運送に関する契約書），第2号文書（請負に関する契約書）並びに第17号の1文書（売上代金に係る金銭又は有価証券の受取書）があり，税務調査においても，これらの階級定額税率が適用となる文書が重点的にチェックされているようです。

　したがって，階級定額税率が適用される文書について最終的に負担する印紙税額がいくらになるかは契約金額などの記載金額の多寡によって違ってきますから，契約書に記載されている契約金額（＝記載金額）の把握漏れやその算定

誤りが，調査で指摘されることになりますと多額の印紙税負担につながりかねません。

　契約書等の契約条文の中には直接的な契約金額の記載がないため記載金額なしとしていた事例や，あるいは，記載されている金額は月額の単価のみで，契約期間があることにより契約金額の算定ができるのに，契約金額の総額の記載がないことから，記載金額なしとしていたために，印紙税が不納付になっていた事例があります。

　後半では，記載金額の把握漏れやその算定誤りなどの事例（CASE19〜30）を取り上げ，そのチェックポイントなどについて，事例の内容ごとに分けて解説します。

取付工事等を伴う
機械・装置の売買契約書

　当社では，カタログにおいて一定の規格に統一した大型の工作機械の販売を行っています。

　販売が成約した場合には次のような「機械・装置売買契約書」を取り交わしています。

　機械の引渡しは，機械を一定の場所に据え付け，一定の調整等を行った後に行うこととし，対価は据付け工事費も含めて売買契約書に一式として定め，引渡し後に請求することとしています。

　この取引に係る売買契約書については，物品の売買契約書に該当するとして印紙税の課税対象とならないと判断していましたが，この度の印紙税調査において，印紙税の不納付の指摘を受けました。

X1年〇月〇日

機械・装置売買契約書

注文主	住　所	
	氏　名	㊞
受注者	住　所	
	氏　名	㊞

売買金額　　　　　　　　円也

品　　名	形　　式	摘　　要
〇〇機械		
付属装置		
（略）		
設置工事		

（以下略）

ADVICE

　この事例は，工作機械という物品の売買契約に該当するともに，一定の物品を一定の場所に据え付けるという仕事の完成を約することを内容とするものですから，第2号文書（請負に関する契約書）に該当する文書として取り扱う必要がありました。

解　説

　事例では，売買契約書が作成されていますが，印紙税の課否の判断においては，単に文書の名称や呼称，あるいは形式的な記載文言により判断するのではなく，その文書の内容として記載されている個々の事項全てを検討の上で，課税事項が含まれていれば課税文書に該当することになります（基通2，3）。

1　売買と請負の判断基準

　物品の売買契約書は印紙税の課税対象外となっていますので，売買になるか請負になるかによって，印紙税法の取扱いが異なってきますが，売買契約書と請負契約書の区分は，基本的には次のような基準によって行うこととされています。

　基本的な考え方としては，契約当事者の意思が仕事の完成に重きをおいているか，物の所有権移転に重きをおいているかによって判断されます。

　しかしながら，具体的な取引の段階においては，必ずしもその判別が明確なものばかりとはいえませんので，印紙税法の取扱いに当たって，その判別が困難な場合には，次のような基準でこれを判断することとされています（基通別表第1第2号文書関係の2）。

(1)　請負契約書に該当すると認められるもの

　　イ　注文者の指示に基づき一定の仕様又は規格等に従い，製作者の労務によ

り工作物を建設することを内容とするもの

　　⑽　家屋の建築，道路の建設，橋りょうの架設

　ロ　注文者が材料の全部又は主要部分を提供（有償であると無償であるとを問わない）し，製作者がこれによって一定物品を製作することを内容とするもの

　　⑽　生地提供の洋服仕立て，材料支給による物品の製作

　ハ　製作者の材料を用いて注文者の設計又は指示した規格等に従い一定の物品を製作することを内容とするもの

　　⑽　船舶，車両，機械，家具等の製作，洋服等の仕立て

　ニ　一定の物品を一定の場所に取り付けることにより所有権を移転することを内容とするもの

　　⑽　大型機械の取付け

　　ただし，取付行為が簡単であって，特別の技術を要しないものは，売買契約書となります。

　　⑽　家庭用電気器具の取付け

　ホ　修理又は加工することを内容とするもの

　　⑽　建物，機械の修繕，塗装，物品の加工

(2)　売買契約書に該当すると認められるもの

　イ　製作者が工作物をあらかじめ一定の規格で統一し，これにそれぞれの価格を付して注文を受け，当該規格に従い工作物を製作し，供給することを内容とするもの

　　⑽　建売住宅の供給（不動産の譲渡に関する契約書）

　ロ　あらかじめ一定の規格で統一された物品を，注文に応じ製作者の材料を用いて製作し，供給することを内容とするもの

　　⑽　カタログ又は見本による機械，家具等の製作

2　CASE 1 「機械・装置売買契約書」の検討

(1)　課税事項と所属の決定

　　機械を譲渡することを内容とする文書であっても，例えば，注文者の指示する一定の仕様又は規格に従って機械を製作するとか，注文者が材料を提供してこれによって一定の機械を製作する場合などには，単なる機械の売買（譲渡）ではなく，一定の機械を製作することを内容とする契約となりますから，その契約は請負に関する契約ということになります。

　　しかし，この事例の場合には，一定の規格で統一して製作する物品，いわゆる商品である工作機械を売買するものですから，その契約は工作機械という物品を譲渡することの契約に当たります。

　　一方，大型機械などを購入した場合に，その取付け，据付け等に相当の技術を必要とするときは，その取付け等を依頼しなければなりませんが，その取付工事等を依頼することは，機械の取付けという仕事を完成させることですから，これは請負ということになります。

(注)　機械の取付け等は全て請負になるというものではなく，機械器具を購入した場合に通常サービスにより取り付けられるようなもの，例えば，テレビを購入したときの設置や配線のように取付行為が簡単であって特別の技術を要しないものは，これを本体の売買に付随して行うこととしても，その取付行為を請負として特段の評価をしないで，全体をその本体の売買を内容とする契約書として取り扱うこととされています。

　　事例の「機械・装置の売買契約書」において契約していることは，工作機械という物品を売買するとともに，その機械の据付けや一定の調整という請負業務を行うことを内容としているものと認められます。

　　したがって，不課税文書である物品売買契約書と第2号文書（請負に関する契約書）に該当するものとなりますから，このような場合には，通則2の規定によってその文書は第2号文書（請負に関する契約書）として取り扱われることになります。

(2)　記載金額の取扱い

　　そこで問題となるのは，その契約書の契約金額はいくらとして取り扱われ

るかということですが，事例の内容によると機械の販売価格と据付け費用を区分しないで一本の契約金額とされているとのことです。

　本来，機械の売買の対価と据付け費用とは別のものであるはずですから，印紙税の取扱い上，それぞれの金額を区分していれば，請負契約に係る金額（事例の場合には据付け費用部分の金額）をその契約書の記載金額として取り扱うことになるのです。

　しかし，事例の場合にはそれぞれの金額が区分して記載されていないことから，契約金額（売買金額）の全額が請負契約金額として取り扱われてしまいます。

　なお，機械設備の据付け工事は，租特法第91条第3項に規定する「建設工事請負契約書」に該当しますから，軽減税率の適用があります。

チェックポイント

① 　印紙税の課否の判断は，その文書の名称，呼称や形式的な記載文言によって判断するのではなく，その文書に記載されている文言，符号等の実質的な意義に基づいて行います。

② 　機械等の物品売買に係る対価と，その取付け・据付け工事に係る対価がある場合は，それぞれの対価を区分記載して明示することが肝要です。

コラム8　―不課税契約と課税契約とが混合記載された契約における記載金額―

　通則4のロにおいて，「当該文書が通則2の規定によりこの表の2以上の号に該当する文書である場合には，（記載金額の計算については）次に定めるところによる」と規定されていて，①2以上の記載金額が，それぞれ区分して記載されている場合には，所属することとなる号に係る区分記載した金額が記載金額と，また，②2以上の記載金額が，区分して記載されていない場合には，その全額が所属することとなる号の記載金額となります。

　ところで，個別の売買契約書は不課税文書ですが，売買契約と請負契約が混合記載された契約書（規格品である大型機器の売買と据付けの請負とが約定されている契約書）の場合はどのように考えるのでしょうか。

　通則4のロでは，課税契約と課税契約が混合記載されている場合を想定した規定振りとなっていて，このような不課税契約と課税契約が混合記載された契約書については，同規定をストレートに適用できない感じもします。すなわち，極論すれば，不課税契約と課税契約が混合記載されている契約書の記載金額は，その全額が課税することとなる号の記載金額になるという理屈もあり得るようにも思われます。

　しかしながら，これについては，通則4のロの規定に準じて，請負金額が区分記載されていれば，請負金額部分を記載金額とする第2号文書に該当すると考えます。

　すなわち，混合契約における記載金額の判定に当たっては，「それぞれ区分記載された契約金額がそれぞれの記載金額となる。」という大原則の下に通則4のロの条文が規定されていると考えるからです。

　なお，個別の売買契約書は，平成元年前は，旧第19号文書として課税されておりました。したがって，事例のようなケースについては，平成元年前は通則4のロの規定がストレートに適用され，据付費のみを記載金額とする第2号文書として取り扱われていた経緯があります。

太陽光発電システム 売買・工事請負契約書

　当社は，太陽光発電システムの販売，設置を行う法人です。太陽光発電システムの販売・設置に当たっては，次のような「太陽光発電システム売買・工事請負契約書」を作成しています。

　この「太陽光発電システム売買・工事請負契約書」については，パネルなどのシステム機器の売買契約書と設置に係る請負契約書に該当しますから，設置工事代金額（30万円）を契約金額とする第2号文書と判断して収入印紙（200円）を貼付していますが，印紙税の調査で貼付不足（800円）を指摘されています。取扱いに誤りはありますでしょうか。

X1年○月○日

太陽光発電システム売買・工事請負契約書

注文主	住　所		
	氏　名		㊞
受注者	住　所		
	氏　名		㊞

品　　名	形　式	数　量	単　価	価　格	摘　要
太陽電池モジュール		20枚	150,000	3,000,000	
パワーコンディショナ		1台	300,000	300,000	
モニター表示機器		一式	100,000	100,000	
（略）					
設置工事代			300,000	300,000	
合　　計				4,000,000	

（以下略）

ADVICE

　この事例の「太陽光発電システム売買・工事請負契約書」は，太陽光発電システムが各機器の据付けや配電等の設置工事を行うことにより初めてその設備としての機能を発揮するものですから，全体が設備の設置工事請負契約であり，第2号文書（請負に関する契約書）に該当しますから，機器の代金及び設置工事代金の合計額（400万円）に応じた収入印紙（1,000円；軽減税率）を貼付する必要がありました。

解　説

1　課税文書の意義

　課税文書とは，印紙税法別表第一課税物件表に掲げられている文書により証される事項（以下「課税事項」といいます）が記載され，かつ，当事者の間において課税事項を証明する目的で作成された文書のうち，非課税文書以外の文書をいうこととされています（基通2）。

　また，印紙税は文書課税であり，文書が課税文書に該当するかどうかは，文書の全体を一つとして判断するのみでなく，その文書に記載されている個々の内容についても判断することとされており，単に文書の名称又は呼称及び形式的な記載文言によることなく，その記載文言の実質的な意義に基づいて判断するものとされています（基通3①）。

　したがって，課税文書かどうかの判断に当たっては，文書全体を一つとして総合的に判断するとともに，文書の個々の記載文言等から当事者が証明しようとしている事項について客観性をもって判断する必要があります。

2　売買と請負の判断基準

　物品の売買契約書は印紙税の課税対象外となっていますので，売買契約書に

なるのか請負契約書になるのかによって，印紙税の取扱いが大きく異なってきます。

　売買契約書と請負契約書の区分は，基本的には契約当事者の意思が仕事の完成に重きをおいているか，物の所有権移転に重きをおいているかによって判断されますが，必ずしもその判別が明確なものばかりではないので，基準を設けて判断することとされています（基通別表第1第2号文書関係の2）。

　（判断基準については，CASE 1「取付工事等を伴う機械・装置の売買契約書」の解説1（P.51）を参照）

3　CASE 2「太陽光発電システム売買・工事請負契約書」の検討

　一定の規格で統一して製作する物品等の売買契約は，物品の譲渡契約に該当し，不課税文書となります。

　この場合に，大型機械などを売買した場合にその取付け，据付け等に相当の技術を必要とするときに，販売する事業者にその取付工事等を依頼することは，機械の取付けという仕事を完成させることを依頼するものですから，この約定部分は請負契約ということになります。

　したがって，このような契約であれば，設置工事部分のみを評価し，設置工事費を契約金額とする請負契約書として取り扱われることとなります。

　しかしながら，設備を構成する個々の機器を譲渡することを内容とする文書であっても，例えば，注文者の指示する一定の仕様又は規格に従って機械を製作するとか，注文者が材料を提供してこれによって一定の機械を製作する場合や，機器とともに設置場所等に応じた設備を設置する場合などについては，単なる機械の売買（譲渡）ではなく，一定の機械の製作又は機器を構成する総合的な設備工事を行うことを内容とする契約となりますから，その契約は全体が請負契約ということになります。

　つまり，事例のような発電設備の設置については，一般的には，太陽光発電システムが各機器の据付けや配電等の設置工事を行うことにより初めてその機能を発揮するものと認められますので，その契約は機器の売買を目的とするも

のではなく，発電システムの設置を含む設備全体の完成を目的としているものと認められますから，その取引全体が請負契約に該当することになります。

　事例の「太陽光発電システム売買・工事請負契約書」は，その記載内容から発電システムを構成する各機器の売買と設置工事に係る請負の契約となっているものと形式的には見られがちですが，実質的な契約内容はその全体が第2号文書（請負に関する契約書）に該当する内容となると判断されます。

　したがって，各種機器の売買金額（3,700,000円）と設置工事代金（300,000円）の合計金額（4,000,000円）が請負契約金額となります。

　なお，機械設備の据付け工事は，租特法第91条第3項に規定する「建設工事請負契約書」に該当しますから，軽減税率の適用があり，印紙税額は1,000円となります。

　【参考】

　同様の事例として，「紳士服のイージーオーダー契約書」において，仮に仕立代と生地代とを区分して記載したとしても，その全額が請負契約金額となります。

チェックポイント

①　印紙税の課否の判断は，文書名や形式的な記載文言等にとらわれることなく，契約当事者が何について証明しようとしているかにより判断する必要があります。

②　各機器の据付けや配電等の設置工事を行うことにより初めてその機能を発揮するものと認められる場合の機器（機械設備）の設置工事は，その全体が請負契約となります。

03 不動産譲渡担保契約書

　当社は，債権者に対する債務を担保するために不動産を充てることとしました。そこで，債権者との間で次のような「不動産譲渡担保契約書」を作成することとしましたが，契約の内容は不動産を担保に供することのみであるため，印紙税の課税文書と判断していませんでしたが，税務調査で課税文書に当たるとの指摘を受けました。

不動産譲渡担保契約書

　　　　　　　　　　　　　　　　　　　甲　　　　　　　　㊞
　　　　　　　　　　　　　　　　　　　乙　　　　　　　　㊞

1　甲は，乙に対して契約日現在負っている債務5,000万円を担保するため，甲所有の末尾記載の不動産（以下「目的物件」という。）を乙に譲渡する。

2　甲は，前条に基づき，目的物件の所有権移転登記に必要な一切の書類をこの契約締結と同時に乙に交付する。

3　乙は，甲が目的物件を無償使用することを許諾する。

（以下省略）

ADVICE

　事例の文書は，不動産を譲渡担保に付するものですから，第1号の1文書（不動産の譲渡に関する契約書）に該当します。記載金額は，弁済により消滅することとなる債務の金額5,000万円であり，印紙税額は10,000円となります。

　文書の名称等にとらわれずに，印紙税の観点から十分に検討する必要がありました。

解 説

1　譲渡担保契約書等の取扱い

課税物件表の第1号及び第15号に規定する「譲渡に関する契約書」とは，権利又は財産等をその同一性を保持させつつ，他人に移転させることを内容とする契約書をいい，売買契約書，交換契約書，贈与契約書，代物弁済契約書及び法人等に対する現物出資契約書等がこれに該当します（基通13）。

いわゆる譲渡担保契約は，債権者に対する債務を担保するため，債務者が特定の物件を債権者に無償で譲渡しておき，債務の不履行があった場合にはその物件を処分等して債務の弁済に充てることとするとともに，履行期限がくるまで債務者（譲渡人）に当該物件を使用させることなどを内容とする契約書ですが，譲渡する物件に応じて次のとおりとなります。

①　不動産の場合は，第1号の1文書（不動産の譲渡に関する契約書）に該当します。

②　債権の場合は，第15号文書（債権の譲渡に関する契約書）に該当します。

③　①，②以外の物件の場合は，不課税文書となります。

なお，①，②の場合における文書の記載金額は，弁済により消滅することとなる債務の金額となります。

2　再売買予約契約及び買戻約款付売買契約の取扱い

譲渡担保契約に類似した契約として，①再売買予約契約，②買戻約款付売買契約がありますので，その取扱いを説明すると次のとおりです。

①　再売買予約契約書

「再売買予約契約書」とは，売主がいったん自己の所有物を他人に売り渡して代金を受け取りますが，その売り渡した目的物を，将来再び買主から売主に対して売り戻す旨の予約を内容とする契約書です。

イ　再売買の目的物が不動産である場合は，不動産の譲渡に関する契約書

（第1号の1文書）に該当します。

ロ　再売買の目的物が物品である場合は，不課税文書となります。

再売買の予約は，買戻約款付売買の一種であり，買い戻し（民法第579条）と同様に，担保の作用を果たしつつ，金融を受ける方法です。

再売買予約契約書は，当初の売買契約に併せて作成される場合と，当初の売買契約と切り離して別個に作成される場合とがありますが，前者の契約書の場合には，「当初の売買」と「再売買の予約」のそれぞれの契約金額がある場合，その合計金額が記載金額となります。

② 買戻約款付売買契約書

「買戻約款付売買契約書」とは，例えば，不動産を担保とする消費貸借契約において，当該不動産を貸主に譲渡し，借主がその代金を受領する形式をとる場合に作成する契約書ですが，不動産の譲渡に関する契約書（第1号の1文書）に該当します。

その内容は，「通常当初の不動産の売買契約」，「買い戻しができる旨の契約（不動産の売買契約の予約）」，「買い戻しまでの間の不動産の賃貸借契約」からなり，記載金額については，上記①の再売買予約契約書と同じ扱いとなります。

3　CASE 3「不動産譲渡担保契約書」の検討

CASE 3の「不動産譲渡担保契約書」については，1で説明したとおり，不動産を譲渡担保に付することを内容とするものですから，第1号の1文書（不動産の譲渡に関する契約書）に該当します。記載金額は，弁済により消滅することとなる債務の金額5,000万円ということになります。

なお，第1号の1文書のうち不動産の譲渡に関する契約書の場合には，税率の軽減措置の特例（措特法91条）が適用されますので，印紙税額は10,000円ということになります。

チェックポイント

① 印紙税の課否の判断は，文書名や形式的な記載文言にとらわれることなく，当事者が何を記載証明しようとしているかにより判断する必要があります。

② 不動産に関する権利の異動が生じた場合は，何らかの課税文書となるケースが多いことから，課否の判断を的確に行う必要があります。

自動車注文書（お客様控）

　当社は，自動車の販売業者です。

　自動車の販売に際しては，オプションの注文を受けて塗装を施したり，付属品等を取り付けて販売するケースがありますので，「付属品明細」欄を設けた「自動車注文書」（２枚複写）（P.66のとおり）を使用して顧客の注文内容の確認を行っています。また，いわゆる「自動車リサイクル法」に対応するため，「リサイクル法関連費用（預託金）」欄も設けています。

　この「自動車注文書」については，印紙税の対象外という取扱いをしてきましたが，税務調査で２枚複写のうち「お客様控」が課税文書になるとの指摘を受けましたが，この取扱いを教えてください。

ADVICE

　事例の文書は，顧客の注文を受けてその内容を確認するために２枚複写により作成し，当社の担当者等が署名押印の上で，１部（お客様控え）を顧客に交付する文書であり，また，文面上に「別途契約書を作成しない場合は，この注文書（お客様控え）が契約書になります」との記載があることから，印紙税法上の契約書に該当します。

　個々の記載内容を検討すると，塗装やオプション品の取付けなどを取り決めた場合は，単なる物品（車体）の譲渡のみではなく，請負取引に該当することとなりますから，第２号文書（請負に関する契約書）に該当してきます。

　また，リサイクル預託金を譲渡する旨の記載内容は第15号文書（債権の譲渡に関する契約書）に該当することとなります。印紙税の課否を検討する際には，注文書に記載された個々の取り決め内容をよく検討する必要があります。

解　説

1　注文書等の印紙税の取扱い

　事例の文書は「自動車注文書」という名称で，購入者が販売会社に差し入れる形式の文書ですが，この文書が印紙税法上の契約書として取り扱われるのか否か疑問が生ずることも考えられます。

　文書が課税文書に該当するかどうかは，文書全体を一つとして判断するのみでなく，その文書に記載されている個々の内容についても判断し，単に文書の名称又は呼称及び形式的な記載文言によることなく，その記載文言の実質的な意義に基づいて判断することとされています（基通3①）。

　この「記載文言の実質的な意義」の判断は，その文書に記載又は表示されている文言，符号を基として，その文言，符号等を用いることについての関係法律の規定，当事者間における了解，基本契約又は慣習等を加味し，総合的に行うこととされています（基通3②）。

　また，印紙税法における契約書とは，契約証書，協定書，約定書その他名称のいかんを問わず，契約（その予約を含みます）の成立若しくは更改又は契約の内容の変更若しくは補充の事実（「契約の成立等」といいます）を証すべき文書をいうこととされており，念書，請書その他契約の当事者の一方のみが作成する文書又は契約の当事者の全部若しくは一部の署名を欠く文書で，当事者間の了解又は商慣習に基づき契約の成立等を証することになっているものも含まれます（通則5）。

　したがって，通常，契約の申込みの事実を証明する目的で作成される申込書，注文書，依頼書などと表示された文書であっても，実質的にみて，相手方の申込みに対する承諾事実を証明する目的で作成されるもの（その文書によって契約の成立等が証明されるもの）は，契約書に該当することになります（基通21①）。

自動車注文書（お客様控）

自動車注文

○○自動車販売　株式会社　御中

住　　所	
電話番号	
代表者名	

印紙

（割印）

裏面記載の特約条項に基づき、下記の通り注文致します。

車名		台数		塗色		希望納期	年　月　日
型式				塗色コード		納車場所	

現金価格	一（消費税等込）	車両本体価格		1 8 0 0 0 0 0
		車両店頭引渡価格		1 8 0 0 0 0 0
		付属品価格		
		合　計　　①		1 8 0 0 0 0 0

支払形態	1．現金　2．後払　3．自社割賦　4．割賦購入あっせん

支払方法	1．現金　2．手形　3．口座振替　4．振込

支払条件	頭金	現金		1 0 0 0 0
		（内申込金）		1 0 0 0 0
		下取車価格		3 0 0 0 0
		下取車リサイクル預託金相当額		1 0 0 0 0
		下取車残債（一）		
		計　　　　②		5 0 0 0 0
	割賦金	割賦元金　　（①－②）		
		割賦手数料　　③		
		計　　（①－②）＋③		
		割賦販売価格　　（①＋③）		

税金・保険料	自動車税（　　月より）		
	自動車取得税		
	自動車重量税		
	印紙税		2 0 0
	自賠責保険料（　　カ月）		
	自動車保険料		
	計		

販売諸費用	一（消費税等込）	法定費用	預かり	車庫証明		
				検査登録		
				下取車		
			公正証書作成費用			
			道路サービス関連費用			
			リサイクル預託金額合計（ア）			1 2 6 5 0
			非課税分小計			
		手続代行費用	車庫証明			
			検査登録			
			下取車			
			納車費用			
		下取車査定料				
		リサイクル資金管理料金（イ）				
		課税分小計				
		計				
		合　計　　　　④				

消費税等合計（A＋B＋C）×消費税割合	

支払合計（①＋③＋④）	

付属品明細（一消費税等込）

品　名	区
フロアマット	
シートカバー	
アルミホイール	
ドアバイザー	
ナビゲーションシステム取付	
ホイール塗装（メッキ）	
販売諸費用計	
点検整備（一括）	

査定価格	
うち自賠責保険料未経過相当額	

下取車明細

リサイクル預託金相当額	
下取車コード	
車　名	走行距離
型　式	
車体番号	
登録番号	
使 用 者	
残 債 先	
決済方法	

リサイ関連

シュレッダーダス
エアバッグ類料金
フロン類料金
情報管理料金

（拡大図）下取車明細

査定価格		3 0 0 0 0
うち自賠責保険料未経過相当額		2 0 0 0
リサイクル預託金相当額		1 0 8 6 0
下取車コード		
車　名	走行距離	km
型　式		
車体番号		
登録番号		
使 用 者	所有者	
残 債 先	（　　年　　月完済予定）	
決済方法		

「別途契約書を作成しない場合は，この注文書（お客様控）が契約書になります。」との記載がある

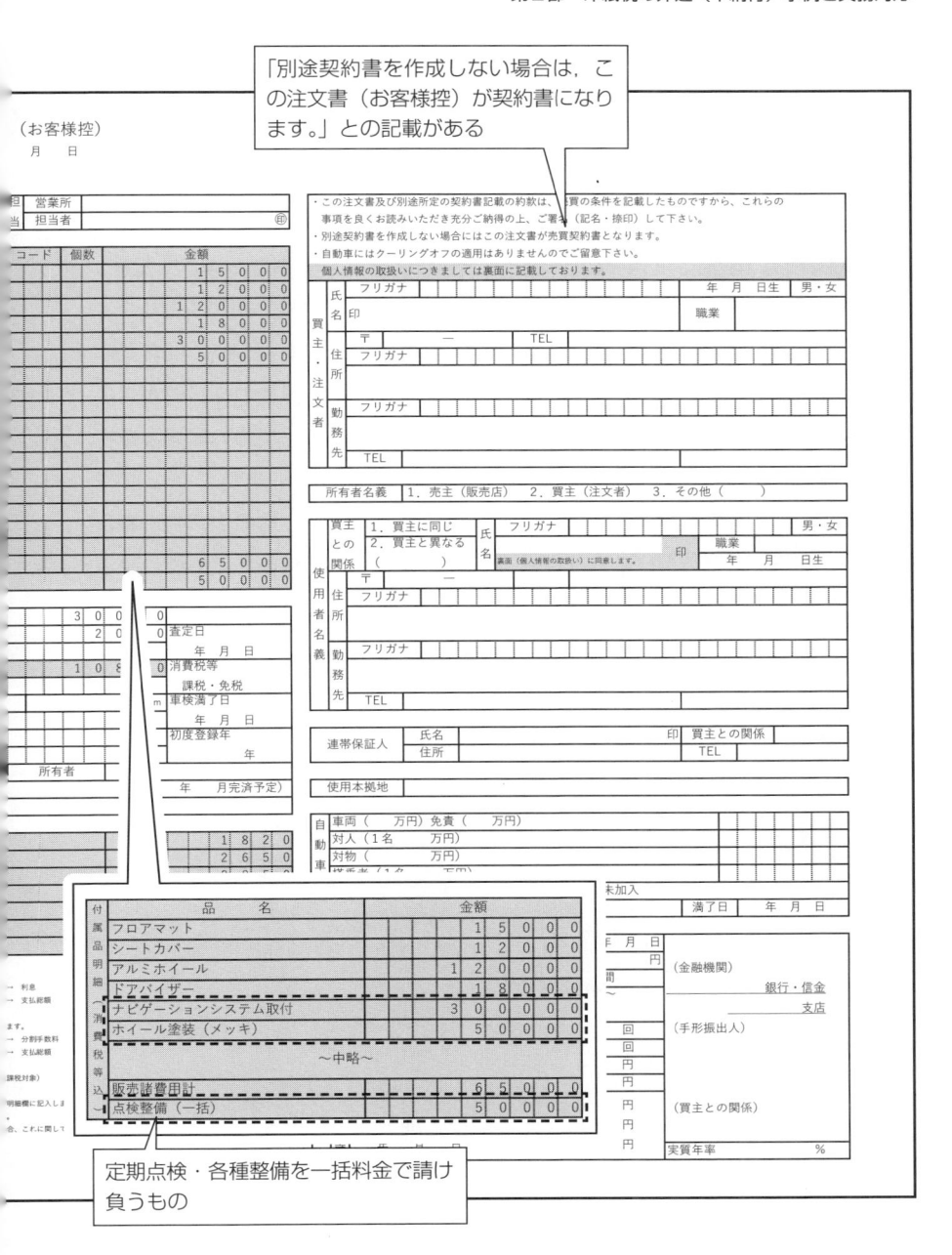

定期点検・各種整備を一括料金で請け負うもの

2 CASE 4 「自動車注文書（お客様控）」の検討

(1) オプション取引等の申込に係る取扱い

事例の「自動車注文書」は，自動車の注文者である顧客が，「車名」，「型式」，「台数」，「塗色」，「塗色コード」，「希望納期」及び「納車場所」を指定した上で販売業者に購入を申し込むものです。

なお，その注文書上において販売者から購入者に対する教示事項として，「別途契約書を作成しない場合には，この注文書（お客様控）が契約書になります。」旨の記載があり，注文者である顧客がこれを承知した上で，「自動車注文書」を提出するものであり，その提出を受けた後，当社の担当者が署名押印して交付する文書ですから，当事者間の了解に基づく契約の成立を証する文書ということになります。

ただし，契約書に該当することとなる場合であっても，その注文の内容が物品（車体）の売買契約のみを証する内容となるものについては，課税事項の記載がありませんから，一義的には課税文書に該当しないことになります。

しかしながら，別途の注文により，塗装を施したり，付属品等を取り付けて販売するケースで，当該注文書に物品の売買に関する事項と請負に関する事項が併記されることとなる場合は，通則2の規定により第2号文書（請負に関する契約書）に該当することになります。

具体的には，注文書の「付属品明細」欄等に，例えば，次のような記載がある場合は，第2号文書（請負に関する契約書）に該当しますので注意を要します。

(注) 請負となる内容の記載があっても，その加工，取付け等の金額の合計額が1万円未満の場合には，非課税文書となります。

① 塗装

② 塗装面の光沢・撥水加工

③ 特別注文によるエアロパーツ等の製作・加工

④ トラックの荷台の板張り，鉄板張り

⑤ ホイール塗装（アクリルウレタン塗装，メッキ塗装）

⑥　付属品名とその取付け代金が別途記載されているもの

⑦　付属品の取付けを伴うことが記載され，付属品代と取付代金を区分せずに代金を一括記載しているもの（「ナビゲーションシステム取付け○○円」などの記載のあるもの）

⑧　契約期間中の定期点検（車検を含みます）や，それに伴う各種整備，そのための消耗品（エンジンオイル，オイルエレメント，ワイパーゴム等）の交換を一括料金（前払い）で請け負うもの

(2)　リサイクル預託金相当額が譲渡される場合の取扱い

　　リサイクル預託金等が預託済みである自動車を下取りする際に，「下取車明細（リサイクル預託金相当額）」欄にリサイクル預託金等相当額の記載をした場合，あるいは，リサイクル預託金等が預託済みである中古自動車を販売する際に，「リサイクル法関連費用（リサイクル預託金額合計）」欄に，リサイクル預託金等相当額の記載をした場合は，同預託金相当額を貴社に対して譲渡する内容が記載されることとなりますから，その譲渡は金銭債権の譲渡に当たることになります。

　　したがって，この場合には，第15号文書（債権譲渡に関する契約書）に該当することになります（この文書が第15号文書のみに該当し，リサイクル預託金相当額等が1万円未満の場合には，非課税文書となります）。

　　なお，上記(1)の付属品等の取付けなどの記載がされていて，第2号文書と第15号文書に同時に該当することとなる場合の文書の所属については，通則3のイの規定の適用により，第2号文書（請負に関する契約書）に所属が決定されます。

⚠ チェックポイント ⚠

①　印紙税の課否の判断に当たっては，文書の名称や主体となる取引の記載内容のみによって判断するものではなく，文書に記載されている他の事項についても個々にその記載内容を確認し，判断する必要があります。

② 注文書等，一義的には契約書とならないと思われるものであっても，その文書に記載又は表示されている文言，符号を基として，その文言，符号等を用いることについての関係法律の規定，当事者間における了解，基本契約又は慣習等を加味し，「記載文言の実質的な意義」の判断を総合的に行う必要があります。

③ 印紙税法上の「契約書」とは，世間一般の常識的なものよりも，広い概念となっていることに留意が必要となります。

05 賃貸借予約契約書

当社は，アパレル業を営む法人です。

当社では，本店業務を集約するため，建設予定だった○○ビルをオーナーである不動産業者から借り受けることとしましたが，契約に際して，建設協力金を不動産業者に預託することを取り決め，このことを内容とする「賃貸借予約契約書」を作成しました。

この度の調査において，この「賃貸借予約契約書」が第１号の３文書（消費貸借に関する契約書）に該当する旨の指摘を受けました。当社としては，賃貸借契約書ということで不課税文書と判断していましたが，税務調査で課税文書になるとの指摘を受けました。どのような取扱いになるのでしょうか。

賃貸借予約契約書

　株式会社○○ファッション（以下甲という。）と○○不動産株式会社（以下乙という。）は，乙の土地上に建築する○○ビルの賃貸借契約の予約に関し，次のとおり契約を締結する。

（中　略）

第９条（賃貸借期間）
1　賃貸借期間は，賃貸借契約締結の日より起算して満20年間とする。
2　契約期間満了の６ヶ月前までに甲又は乙が相手方に対し，何らの意思表示をしないときは，賃貸借契約は更に10年間更新されるものとして，その後も同様とする。

第10条（建設協力金の預託）
1　甲は，建設協力金として金94,600,000円を本条の規定に従い，乙に対し無利息で預託する。

2　前項の建設協力金の預託方法につき，甲はこれを計2回に分割の上，乙の指定
する方法により乙に対して預託するものとし，各預託期日及び預託すべき額につ
いては次の各号に定める。

① 　第8条に定める内装工事着工日　　　　　　　　　　金47,300,000円
② 　本件場所において甲が営業を開始した日　　　　　　金47,300,000円

第11条（建設協力金の返還）

1　乙は前条に基づき甲より預託を受けた建設協力金につき，本契約期間開始日か
ら120ヶ月の期間に渡り，これを次の各号のとおり計120回に分割の上，毎月甲
に対し返還するものとする。

① 　第1回目　　　　　　金828,000円
② 　第2回目以降　　　　金788,000円

2　建設協力金の返還方法につき，本契約期間中に限り，甲は第18条に基づき乙
に対して支払う賃料と当該期間に応じた建設協力金返還額とを相殺することによ
り当該月の建設協力金の返還を受けるものとし，当該相殺の残額を当月の賃料と
して乙に支払うものとする。

第12条（保証金の預託）

甲は，第10条の建設協力金とは別に，保証金として金38,000,000円を本契約締結
日に乙の指定する銀行預金口座に振り込むことにより乙に対して無利息で預託す
る。本項の保証金は，解約手付ではなく，違約手付であることを甲乙確認した。

（以下略）

ADVICE

　事例の文書は，完成したビルの賃貸借契約の予約を証するとともに，賃貸契約
に付随して賃借人から賃貸人へ提供される建設協力金の預託・返還内容について
定めるものであり，賃貸借契約期間に関係なく，一定期間据置き後分割返還する
ものは金銭の消費貸借契約に該当すると認められますから，印紙税法上の第1号
の3文書（消費貸借に関する契約書）として取り扱う必要がありました。

解 説

1　建設協力金，保証金の取扱い

　建物の賃貸借契約書（その予約契約となるものを含みます）は，原則として印紙税の課税対象外の文書（不課税文書）となるものですが，貸ビル業者等がビル等の賃貸借契約又は使用貸借契約（その予約を含みます）を締結する際などに，そのビル等の借受人などから建設協力金，保証金等として一定の金銭を受領し，そのビル等の賃貸借又は使用貸借契約期間などに関係なく，一定期間据置き後一括返還又は分割返還することを約する契約書は，第1号の3文書（消費貸借に関する契約書）として取り扱うこととされています（基通別表第1第1号の3文書関係の7）。

　ビル等の賃貸借契約に際して授受される金銭のうち，権利金のように貸主に渡し切りになるものや，敷金のように賃貸料債権等を担保する目的のものは，建物の賃貸借契約全体の中に包含されることとなるものであり，当然のことながら消費貸借契約の目的物とはなりません。

　これに対して，どのような名称であったとしても，金銭を受領した者（ビル等の貸主）から建物の賃貸借契約期間に関係なく，その金銭の貸主（ビルの借主）に返還されることとされているものは金銭の消費貸借と評価されることになります。

　一般に「保証金」といわれるものは，一定の債務の担保として，債権者その他一定の者にあらかじめ交付される金銭であって，敷金，委託保証金などがその例といえます。

　つまり，賃貸借契約の場合であれば，貸借料や貸借人に責任のある損害により発生する債務を担保するための金銭であり，これは本来の保証金となりますから，この保証金について印紙税法上特に問題にされることはありません。

　しかし，契約期間が終了していないのに一定期間経過後に返還することとしたものは，一定の債務を担保するという目的を達することはできません。した

がって，この場合の保証金等と称するものは，保証金という名目ではあっても，その実質は，金銭を借用していること，すなわち消費貸借契約と判断されることになります。

　また，契約期間が終了しても，その後一定期間経過後でなければ返還しないという約定のもとの保証金は，確かに契約期間の終了時までは債務を担保するという本来の目的は達せられるのですが，契約期間の終了時に返還すべき金銭を一定期間消費貸借の目的とするものと判断することになります。

　したがって，このような消費貸借契約の目的物としての性格を有する建設協力金や保証金を受領し，後日返還することを約する契約書は，金銭消費貸借契約書ということになります。

　このように，賃貸借契約に際して授受される金銭が賃貸借債権等を担保するものであるか又は消費貸借の目的物であるかの判断は，その返還が賃貸借契約の終了に結びついているものであるか否かにより判定することとなります。

　（参考）

　「建設協力金」とは，通常，賃貸ビルの建設等を計画する者が建設資金を調達するための一方法としてテナント等として入居を希望する者から資金提供を受けるものですから，そもそも消費貸借の性格があります。

　なお，このように称していたとしても，ビルの貸主に渡し切りになるもの（返済の必要がないもの）はいわゆる権利金と同様の性格のものということになりますし，賃貸借契約の終了時に返還されるものは，敷金や保証金と同様に賃貸料債権等を担保することを目的としているものといえます。

2　CASE 5「賃貸借予約契約書」の検討

　事例の「賃貸借予約契約書」の第10条及び第11条に定める「建設協力金」は，権利金や敷金などとは性格が異なるものと認められ，ビルの賃貸借契約期間（20年間）に関係なく金銭を提供したビルの借主に対して120回に分割して返還されるものですから，消費貸借を目的としているものといわざるを得ないものといえます。

　したがって，第1号の3文書（消費貸借に関する契約書）に該当し，記載金額は建設協力金である94,600,000円となります。

　なお，第12条の保証金の定めは，1で解説した賃貸料債権等を担保することを目的とする一般的な保証金とは異なり，当事者で違約手付の確認がなされているということですから，賃貸借契約に付随してなされる手付契約（民法第557条）の成立を証するものといえます。したがって，これは，印紙税の課税事項には当たりません。

【参考】

　「違約手付」は，一般に契約の履行を確保するために，債務不履行等の違約が生じた場合に当然に没収されるという約束で交付される手付ですが，厳格には違約罰であるとされており，損害賠償も請求できるとされています。

⚠️ チェックポイント ⚠️

① 　印紙税の課否の判断は文書名や主体となる取引のみによって判断するものではなく，個々の記載内容により判断します。
② 　建物賃貸借契約において，賃貸借契約期間中の賃貸料債権等を担保する目的のもので，契約終了時に返還されるいわゆる敷金や保証金については，印紙税の課税関係は通常生じませんが，賃貸借契約期間に関係なく返還される建設協力金などは消費貸借契約の目的物と評価される場合があるので，留意する必要があります。

購入申込書に併記した保証契約

　当社は，厨房機器等の製造業を営む法人です。

　当社では，当社製品の取扱いの申出のあった企業から購入申込書の提出を受けていますが，その際，取引に当たって連帯保証人を立てていただくこととしており，申込書に連帯保証人の署名，押印を求めています。

　この申込書について，印紙税法上，第13号文書（債務の保証に関する契約書）に該当するとの指摘を受けましたが，どのような取扱いになるのか説明してください。

X1年○月○日

購入申込書

株式会社○○厨房機器　御中

　　　　　　　　申込者　住所

　　　　　　　　　　　　名称

　　　　　　　　　　　　代表者　　　　　　　　　　　　㊞

次の製品の購入を申し込みます。

　　　　　　　　　　製品　ガスコンロ　ABC1000-YZ

　　　　　　　　　　　　（略）

　なお，貴社との取引に当たり，下記の者が連帯保証人となります。

　　　　　　連帯保証人

　　　　　　　　　　　　住所

　　　　　　　　　　　　名称

　　　　　　　　　　　　代表者　　　　　　　　　　　　㊞

　　　　　　　　　　　　（以下略）

ADVICE

　印紙税法上，第13号文書（債務の保証に関する契約書）からは，「主たる債務の契約書に併記するもの」が除かれており，課税されません。

　事例の「購入申込書」は，申込者が債権者に対して連帯保証人が申込者の債務について保証することを約して差し入れる文書であって，かつ，取引の申込文書であり契約書に該当しません。

　したがって，『「主たる債務の契約書」に併記した債務の保証に関する契約書』には当たらないこととなって，かつ，連帯保証人が債務者の債務を保証することを約する文書となりますから，結果として，第13号文書（債務の保証に関する契約書）に該当することになります。

　申込書であっても，個々の記載事項をよく検討する必要があります。

解 説

1　主たる債務の契約書に併記した債務の保証に関する契約書の取扱い

　(1)　「債務の保証に関する契約書」とは

　　法別表第一課税物件表第13号には，「債務の保証に関する契約書」を課税文書として掲げています。この「債務の保証」とは，主たる債務者がその債務を履行しない場合にこれに代わって保証人がこれを履行することを債権者に対し約することをいい，連帯保証を含むとされています（基通別表第1第13号文書関係の1）。

　　また，課税物件表の第13号文書の「物件名」欄のかっこ書の規定により，「主たる債務の契約書に併記した債務の保証に関する契約書」は，第13号文書から除かれることとされています。

　　債務の保証契約は，保証契約のみが単独で契約される場合もありますが，一般的には主たる債務の契約書に併せて契約される場合が多いようです。

例えば，金銭消費貸借契約書の契約者として債務者と保証人がともに署名押印する場合や，金銭消費貸借契約証書に「返済期限までに返金できなかったときは，保証人において全額弁償いたします。」と記載の上，保証人が連署する場合などがあります。

　このような契約書は主たる債務（金銭消費貸借の元本，利息の返還債務）の契約書に保証契約を同時に記載する契約書になりますから，保証契約の部分は，主たる債務の契約書に併記した保証契約として第13号文書の課税物件から除かれることとなります。

　これは，この規定がない場合に，例えば，ある文書が第1号の3文書（消費貸借に関する契約書）と第13号文書に同時に該当する場合には，通則3のイ又はハの規定により第1号の3文書に所属が決定されることとなりますが，別表第一の第1号文書等における「非課税物件」欄においては，通則3のイの規定により所属が決定された場合には，当該非課税規定（記載金額が1万円未満の場合の非課税規定）の適用はないこととされており，具体的には，記載金額9,000円の金銭消費貸借契約証書に保証債務契約を併記した場合，通則3のイの規定により第1号の3文書に所属が決定され，非課税規定の適用がないことから，1通200円の印紙税が課されてしまいます。

　このようなことは，元々，少額な契約を非課税とする趣旨から逸脱することになるため，「主たる債務の契約書に併記した債務の保証に関する契約書」を第13号文書から除くことによって，記載金額1万円未満の場合の非課税規定が適用されるというわけです。

(2)　「主たる債務」とは

　主たる債務の契約書に併記された保証契約は，第13号文書の課税事項には該当しないということですが，この場合，「主たる債務」とは消費貸借契約のような印紙税の課税事項になるものの債務だけでなく，例えば，交通事故の金銭賠償債務のような課税事項にならないものの債務も含むということです。

　したがって，課税事項にならないものの債務の契約書に併記された保証契約については，第13号文書として復活することはなく，不課税文書というこ

とになります。

(3)　第13号文書として課税されるケース

　単独の債務保証契約書のほか第13号文書（債務の保証に関する契約書）として課税されるケースとしては，①事例の文書のように主たる債務の契約書に該当しない文書（申込書など）に併記された債務保証契約，②主たる債務の契約書に後日債務保証契約の内容を追記した場合（金銭借用書に後日「（債務者が）返済できない場合は全額弁済します。」と追記する場合）などがあります。

　なお，主たる債務の契約書に併記した保証契約の部分を変更又は補充する契約書については，主たる債務の契約書に併記したものには該当しないことから，保証契約のみが課税事項になり，第13号文書（債務の保証に関する契約書）に該当して課税文書になります（基通別表第1第13号文書関係の3）。

2　CASE6「購入申込書」の検討

　1のとおり，印紙税法上，主たる債務の契約書に併記した債務の保証に関する契約書は，課税されないことになります。

　しかしながら，事例の「購入申込書」のように契約の申込文書（注文書，申込書，依頼書等）は，基本通達第21条に定めるような基本契約書，見積書等に基づいて作成されたものに該当する場合を除いて契約書になりませんから，この申込文書に併記される債務保証の事項は，その事項が単独で課税事項になってくるものです。

　したがって，契約の申込文書に債務保証の事項を記載したものは，原則として第13号文書（債務の保証に関する契約書）として課税されることになります。

　なお，この場合の保証は，主たる債務の契約の成立を停止条件とする保証契約となります。

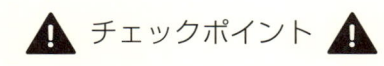 チェックポイント

① 申込書という文書名にとらわれることなく，個々の記載事項について課税事項の記載の有無を判断する必要があります。
② 課税文書にならない文書であっても，これに併記した債務保証事項によって，債務保証契約書として課税文書になるケースがあります。

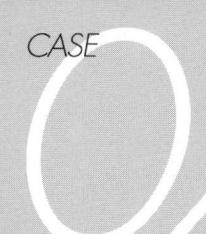

約款等を承認して交付する申込書等

　当会は，将来の申込者の婚礼の際に挙式，披露宴，着付け，写真撮影等の役務の提供及び衣装の貸付けを行うことを業としています。当会への加入申込者には次の「○○婚礼友の会加入申込書」を提出していただいていますが，この申込書には，「○○婚礼友の会約款承認の上，加入します」旨の記載があります。このような申込書は，印紙税法上，契約書に該当して印紙税の課税対象となる場合があると聞きました。どのような取扱いになりますか。

　なお，○○婚礼友の会約款には，○○婚礼友の会と加入申込者とは○○婚礼友の会加入利用契約を締結すること及びその契約の内容について定めるほか，加入申込みに関して，次のような条項があり，加入申込者はこの約款を承認して申し込むことになります。

○○婚礼友の会約款

（略）

第○条（友の会加入利用契約の成立）

　友の会加入利用契約は，加入申込者が前条に規定する「○○婚礼友の会加入申込書」を当会に提出することにより成立する。

（略）

○○婚礼友の会加入申込書

X1年○月○日

○○婚礼友の会　御中

　○○婚礼友の会約款を承認の上，加入いたします。

契約 の 種類	初 回 掛 金	次 回 掛 金	
		金 額	回 数
C契約　　120,000円	円	円	
D契約　　180,000円	円	円	

加入者番号		フリガナ			性別	生年月日
C −　　　　　　　　D −		氏　名		㊞	男・女	昭和　平成　令和

コード	住所	フリガナ		連絡	1.集金場所　2.呼び出し
		〒			

コード	集金場所	フリガナ		電話	（　　　）
		〒			

| （以下略） | | | | | |

ADVICE

　事例の申込書は，印紙税法上の契約書に該当します。また，将来一定の役務の提供を受けることに対して対価を支払うことを内容とする契約であることから，第2号文書（請負に関する契約書）に該当します。

　納税義務者は申込書の作成者である加入申込者ということになります。

　なお，今後，加入利用契約の成立を友の会の審査を要件とするなどの事務処理の見直しを行う場合には，この旨を申込書に明示するなどして単なる申込文書であることを明らかにすることが方策として考えられます。

解説

1　申込書，注文書，依頼書等と表示される文書の取扱い

　申込書，注文書，依頼書等と表示された文書は，一般的には契約の申込み事実を証明する目的で作成されるものですが，中には，契約の成立等を証明する目的で作成される文書と認められるものも多く見受けられます。

　契約書とは，契約の成立等を証明する目的で作成される文書をいうことになりますが，証明する目的は文書の記載文言等その文書上から客観的に判断するのが印紙税の基本的な取扱いですから，申込書等と表示された文書が契約の成立等を証明する目的で作成されたものであるかどうかの判断も，基本的にその文書上において行うことになります（基通2，3）。

　このような契約の成立等を証明する目的で作成される文書は，当然に契約書に該当することになりますが，実務上，申込書等と表示された文書が契約書に該当するかどうかの判断はなかなか難しい面があります。

　そこで，一般的に契約書に該当すると認められるものを例示すると次のとおりになります（基通21）。

(1)　基本契約書，規約又は約款等に基づく申込書等

　イ　契約書に該当する場合

　　　契約当事者の間の基本契約書，規約又は約款等（以下「約款等」といいます）に基づく申込みであることが記載されていて，原則として，一方の申込みにより自動的に契約が成立することとなっている場合におけるその申込書等は，契約書に該当するものとして取り扱われます。

　　　この場合の約款等に基づく申込みであることが記載されているかどうかは，申込書等に「約款等に基づく申込みである」旨の文言が明記されているもののほか，約款等の記号，番号等が記載されていること等により，実質的に約款等に基づく申込みであることが文書上明らかなものも含まれます。

自動的に契約が成立するかどうかは，実態判断によることとされています。つまり，約款等で，例えば，「申込書を受理した時に自動的に契約が成立するものとする。」とされている場合は，その申込書を提出した時に自動的に契約が成立するのは明らかですし，「申込書提出後，当方が審査を行い，了解したものについて契約が成立するものとする。」とされている場合は，その申込書を提出しても自動的に契約が成立しないことが明らかです。なお，約款等にそのような明文の記載がない場合は，事実上その申込みによって自動的に契約が成立するかどうかを判断することになります。

ロ　契約書に該当しない場合

　　約款等に基づく申込書等であっても，後日，契約の相手方当事者が別に請書等契約の成立を証明する文書を作成することが記載されているものは除かれます。

　　このように請書等を作成することとしている場合は，契約当事者の間では請書等を契約の成立等を証明する文書とし，申込書等は単なる申込み事実を証明する目的で作成しているものと認められますから，この場合は，請書等を契約書として取り扱い，申込書等は契約書としては取り扱われないことになります。

　　なお，文書の作成目的は，文書上から客観的に判断するのですから，この場合であっても，申込書等の文書上に，更に請書等を作成する旨が記載されていることが必要です。請書等を作成する旨が記載されていないときは，申込書等と請書等は共に契約書として取り扱われます（このことは，次の(2)の場合も同じです）。

(2)　見積書その他の契約の相手方当事者の作成した文書等に基づく申込書等

イ　契約書に該当する場合

　　見積書その他の契約の相手方当事者の作成した文書等に基づく申込みであることが記載されている申込書等は，原則として，契約書に該当します。

　　これは，契約の相手方当事者が作成する見積書等がいわば契約の申込文書であり，これに基づく申込書等は，請書と同様の性格，つまり，申込み

に対する承諾文書という性格を有するという理由からこのように取り扱われています。なお，この場合は(1)の場合と異なり，申込書等が相手方の申込みに対する承諾の事実を証する文書と判断されることから，申込みにより自動的に契約が成立するかどうかは，契約書に該当することの要件とはなっていません。

ロ　契約書に該当しない場合

　見積書その他の契約の相手方当事者の作成した文書等に基づく申込みであることが記載されている申込書等であっても，契約の相手方当事者が別に請書等契約の成立を証明する文書を作成することが記載されているものは除かれます。

(3)　契約当事者双方の署名又は押印があるもの

　契約当事者双方の署名又は押印があるものは，一般に契約当事者の意思の合致を証明する目的で作成されたものと認められますから，原則として，契約書に該当します。例えば，２部提出された申込書のうちの１部に署名又は押印して返却する申込書等がこれに該当します。

2　CASE 7 「○○婚礼友の会加入申込書」の検討

　事例の「○○婚礼友の会加入申込書」には，「○○婚礼友の会約款を承認の上，加入いたします」との記載があり，かつ，約款において「申込書の提出により契約が成立する」旨の取り決めがあることから，申込書の提出により自動的に契約が成立するものであると認められますので，印紙税法上の契約書に該当します。

　また，契約の内容は，将来の婚礼に関する一定の役務の提供を受けて，これに対して対価を支払うことを内容とするものとなっていますから，第２号文書（請負に関する契約書）に該当します。

　なお，納税義務者は申込書の作成者である加入申込者ということになります。

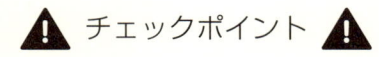 チェックポイント

① 「申込書」という文書名にとらわれることなく，個々の記載事項により，文書の内容を的確に検討し，課税事項の有無を判断する必要があります。

② 約款等に基づく申込書等は，提出により自動的に契約が成立するかどうかが，ポイントとなるので，この点を明確にしておくことが重要です。

③ 約款等に基づく申込書等であっても，別途，請書が作成される場合には契約書として取り扱われませんが，この場合，文書上にその旨を明記することがポイントとなります。

④ 取引の相手方が用意した申込文書であっても，課税文書となる場合があり，この場合，作成者は申込者ということになりますので，作成者（申込者）側においても，課否の検討を確実に行うことが肝要となります。

借入れの申込みに際して作成する融資申込書

　当社は，金融業を営んでいますが，顧客から融資の申込みがあった際に，当社の約款を承諾していただいた上で，次の「融資申込書」を提出していただこうと考えています。

　融資の実行は，調査会社による申込者の信用調査を行った上で，適当と認めたときに行うこととしていますが，約款にはその旨の記載がありません。

　申込書であっても印紙税が課税になる場合もあるとのことですが，この文書の取扱いはどのようになるでしょうか。

X1年〇月〇日

融資申込書

〇　〇　株式会社　御中

　□□約款第△条の規定に基づき，下記のとおり融資を申し込みます。

　　　　　　　　　申込者　住　所
　　　　　　　　　　　　　名　称
　　　　　　　　　　　　　代表者　　　　　　　　㊞
　　　　　　　　　　　　　　　記
　　　　　　　　　　　　（以下略）

ADVICE

　事例のケースでは，融資実行の実態からすると自動的に契約が成立しないものですから，この申込書は契約書には該当しないものと評価することも可能です。

しかしながら，事例の申込書では，約款に基づく申込みであることが記載されており，この申込書を受理した場合に自動的に契約が成立しないということが文書上明らかではありませんから，印紙税法上の契約書に該当し，第1号の3文書（消費貸借に関する契約書）に該当するとの指摘を受けることも考えられます。

　このため，課税関係を明確にするためにも，文書上に「信用調査があり，調査会社が適当と認めた場合に実行される」旨を明示する必要があると考えられます。

解　説

1　申込書，注文書，依頼書等と表示される文書の取扱い

　申込書，注文書，依頼書等と表示された文書については，契約当事者の間の基本契約書，規約又は約款等に基づく申込みであることが記載されていて，一方の申込みにより自動的に契約が成立することとなっている場合における申込書等については，原則として，契約書に該当するものとして取り扱われます。

　ただし，契約の相手方当事者が別に請書等契約の成立を証明する文書を作成することが記載されているものは除かれます（基通21）。

　また，自動的に契約が成立するかどうかは，実態判断によることとされています。すなわち，約款等で，例えば，「申込書を受理した時に自動的に契約が成立するものとする。」とされている場合は，その申込書を提出した時に自動的に契約が成立するのは明らかですし，「申込書提出後，当方が審査を行い，了解したものについて契約が成立するものとする。」とされている場合は，その申込書を提出しても自動的に契約が成立しないことが明らかです。

　しかし，約款等にそのような明文の記載がない場合は，事実上その申込みによって自動的に契約が成立するかどうかを判断することになります。

2　CASE 8「融資申込書」の検討

　事例の融資申込書には，約款に基づく申込みであることが記載されていますから，上記１のとおり，原則として，契約書に該当することになります。しかしながら，一方の申込みにより自動的に契約が成立するかどうかについては検討を要します。

　自動的に契約が成立するかどうかは，実態判断によることになりますが，融資の実行は，調査会社による申込者の信用調査の上で適当と認めたときに行うとのことですから，自動的に契約が成立するものではありません。

　しかしながら，事例の「融資申込書」においては，文書上このことが明らかにされていませんから，課税か否かについて疑義が生ずるおそれがあり，課税文書に該当するとの指摘を受ける可能性もあります。

　そのため，約款や「融資申込書」そのものに「申込書の提出があった場合，自動的に契約が成立しない」旨の記載をし，そのことが明らかにされていれば，申込文書として契約書には該当しないことが明確になると思われます。

　なお，約款において明確になっていない場合には，この「融資申込書」の文書上に，例えば，「申込書提出後，当方が審査を行い，了解したものについて契約が成立するものとする。」などの表示をする必要があると思われます。

チェックポイント

① 　申込書という文書名にとらわれることなく，個々の記載事項について課税事項の有無を判断する必要があります。
② 　印紙税の取扱いについて無用な疑義が生ずることを避けるために，文書上で，課否の判断が明確となるような措置を検討する必要があります。

見積書に基づく注文書

　当社は，シャッターの取付け工事の請負業を営んでいますが，工事を受注する際には，見積書を作成して顧客に提示し，次の「注文書」を提出していただいています。

　この度，この「注文書」について，印紙税の課税漏れを指摘されたとのことです。

　当社では契約が成立した場合には，別途，「工事注文請書」を作成の上，顧客に交付しており，「注文書」は注文の事実を証するものとして印紙税の課税対象ではないと判断していましたが，この「注文書」はどのような取扱いとなりますか。

X1年○月○日

注　文　書

○○シャッター株式会社　御中

　貴見積書　年　月　日付第　　号に基づき，下記のとおり注文申し上げます。
　　　　　　　　注文者　住　所
　　　　　　　　　　　　名　称
　　　　　　　　　　　　代表者　　　　　　　　　　　㊞
　　　　　　　　　　　　記

金　額	円

工事場所	
担 当 者	
支払条件	契約時（　　　　　　円）完了時（　　　　　　円）

品　名	幅	高さ	数量	単位	単価	金　額	摘要
工事代金							
諸経費							

運搬料							
合　計							
（以下略）							

ADVICE

　事例の注文書は，貴社が作成した見積書に基づく注文であることが記載されていることから，印紙税法上の契約書に該当し，第2号文書（請負に関する契約書）に該当します。したがって，契約金額に応じて印紙税を納付する必要があります。

　なお，契約成立の際には，別途，「工事注文請書」を作成の上，交付しているとのことですから，契約の成立の事実は「工事注文請書」で証明していると判断されるところですが，この注文書を課税文書に該当しない単なる申込文書として取り扱うためには，文書上に「契約成立の際には，「工事注文請書」を差し入れてください。」などの文言を記載する必要があると考えられます。

解説

1　申込書，注文書，依頼書等と表示される文書の取扱い

　申込書，注文書，依頼書等と表示された文書は，一般的には契約の申込み事実を証明する目的で作成されるものですが，中には，契約の成立等を証明する目的で作成される文書と認められるものであっても，取引の慣行等から，申込書等と表示するものが多く見受けられます。

　契約書とは，契約の成立等を証明する目的で作成される文書をいうことになりますが，証明する目的は文書の記載文言等その文書上から客観的に判断するのが印紙税の基本的な取扱いですから，申込書等と表示された文書が契約の成立等を証明する目的で作成されたものであるかどうかの判断も，基本的にその文書上において行うことになります（基通2，3）。

このような契約の成立等を証明する目的で作成される文書は，当然に契約書に該当することになりますが，実務上，申込書等と表示された文書が契約書に該当するかどうかの判断は難しい面があります。

　そこで，一般的に契約書に該当すると認められるものについて，基本通達21条で例示されており，その中で，見積書等に基づく申込書等の取扱いが示されています。

2　見積書その他の契約の相手方当事者の作成した文書等に基づく申込書等の取扱い

(1) 契約書に該当する場合

　見積書その他の契約の相手方当事者の作成した文書等に基づく申込みであることが記載されている申込書等は，原則として，契約書に該当します。

　これは，契約の相手方当事者が作成する見積書等がいわば契約の申込文書であり，これに基づく申込書等は，請書と同様の性格，つまり，申込みに対する承諾文書という性格を有するという理由からこのように取り扱われています。

　なお，この場合は，申込書等が相手方の申込みに対する承諾の事実を証する文書と判断されることから，申込みにより自動的に契約が成立するかどうかは，契約書に該当することの要件とはなっていません。

　ところで，一般に注文書は，契約の申込事実を証明する目的で作成される文書ですから，たとえ見積書に基づく注文書であっても，文書上，見積書に基づく注文である旨が記載されていないものは，契約書とはいえず，契約の申込文書と判断されます。

　これに対し，注文書でも，見積書に基づく注文である旨が記載されているものは，単なる申込文書ではなく，契約の申込みに対する承諾を内容とする文書であることがその文書の上から明らかになりますから，契約書に該当することになるということです。

(2) 契約書に該当しない場合

　見積書その他の契約の相手方当事者の作成した文書等に基づく申込みで
あることが記載されている申込書等であっても、契約の相手方当事者が別
に請書契約の成立を証明する文書を作成しているもの
は除かれます。

　これは、その申込書等に対して更に請書を作成することがあらかじめ予
定されている場合には、当事者にとって申込書等は単なる申込書である
と判断され、請書等をもって契約の成立を証明することとしているとと認め
られますから、この場合の申込書等は契約書とは取り扱われないことにな
ります。ただし、後日、請書等を作成することとしている場合の申込書等
であっても、その申込書にその旨が記載されていないものは契約書とし
て扱われることとなりますので注意を要します。

3　CASE 9「注文書」の検討

　事例の「注文書」は、貴社が作成した見積書に基づく注文であることが記載
されていますから、見積りという契約の申込みに対する承諾事実を内容とする
ものといえます。

　したがって、2(1)のとおり、印紙税法上、契約書（請負工事）に該当するものとして取り
扱われ、取引の内容がシャッターの取付工事（請負工事）ですから、第2号文
書（請負に関する契約書）に該当することになります。

　なお、貴社は、契約成立の際には、別途、「工事注文請書」を作成の上、交付
しているとのことですから、契約の成立の事実は「工事注文請書」でも証明し
ている上判断されますので、このことを明確にするためには、事例の「工事注文書」
の文書上に「契約成立の際には、「工事注文請書」を差し入れてください。」な
どの文言を記載する必要があったと考えられます。

　事例の「注文書」では文書上、このことが明らかにされていませんから、「注
文書」も契約の成立を証する契約書であることはやむを得ないと
考えられます。

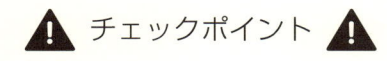 チェックポイント

① 「注文書」という文書名にとらわれることなく，個々の記載事項により，文書の内容を的確に検討し，課税事項の有無を判断する必要があります。
② 「請書」等，他に契約の成立を証明する文書がある場合には，注文書が単なる申込文書であることを明確にする必要があるため，文書上に「契約成立の際には，「工事注文請書」を差し入れてください。」などの文言を記載することがポイントになります。
③ 取引の相手方が用意した申込文書であっても，課税文書になる場合があり，この場合，申込者が作成者となり納税義務を負うことになるので，申込者においても課否の検討を確実に行うことが肝要となります。

契約当事者双方の署名又は押印のある注文書

　当社は，建設業を営む法人ですが，電気工事等の一部の工事は外注先に依頼しています。

　外注契約が成立した際には，当社が作成した次の「工事注文書」に外注先の押印を受け，当社で保存しています。

　なお，外注先からは，このほかに注文請書等の交付は受けていません。

　当社では，注文書ということで，印紙税の課税対象外と考えていましたが，このような注文書は請負契約書に該当し，印紙税の課税対象となると指摘されました。この「工事注文書」に対する印紙税の取扱いはどのようになるでしょうか。

	工　事　注　文　書		
工　事　名			
工事内容			
工事場所			
金　　額			
工　　期	X1年　　　月　　　日　　～　　　X1年　　　月　　　日		
支払条件			
（略）	（略）		

X1年○月○日

発注者　　○　○　○　○　　　㊞
受注者　　△　△　△　△　　　㊞

　事例の「工事注文書」は，契約当事者双方の押印があることから，工事の請負契約書に該当し，第2号文書（請負に関する契約書）に該当することになります。

　したがって，外注先の押印を受けて，返戻を受ける際に，工事金額に応じた収入印紙を貼付する必要があります。

解　説

1　申込書，注文書，依頼書等と表示される文書の取扱い

　申込書，注文書，依頼書等と表示された文書は，一般的には契約の申込み事実を証明する目的で作成されるものですが，中には，契約の成立等を証明する目的で作成される文書と認められるものも多く見受けられます。

　契約書とは，契約の成立等を証明する目的で作成される文書をいうことになりますが，証明する目的は文書の記載文言等その文書上から客観的に判断するのが印紙税の基本的な取扱いですから，申込書等と表示された文書が契約の成立等を証明する目的で作成されたものであるかどうかの判断も，基本的にその文書上の記載文言に基づいて行うことになります（基通2，3）。

　このような契約の成立等を証明する目的で作成される文書は，当然に契約書に該当することになりますが，実務上，申込書等と表示された文書が契約書に該当するかどうかの判断は難しい面があります。

　そこで，一般的に契約書に該当すると認められるものを基本通達21条で例示しています。この例示の中に，「契約当事者双方の署名又は押印のあるもの」が掲げられています。

2　契約当事者双方の署名又は押印があるものの取扱い

(1)　契約書に該当する場合

　　契約当事者双方の署名又は押印がある申込書等は，一般に契約当事者の意思の合致を証明する目的で作成されたものと認められますから，原則として，契約書に該当します。

　　例えば，2部提出された申込書のうちの1部に署名又は押印して返却する申込書等は，契約の意思の合致を証明する文書として契約書に該当することになります。

　　また，頭金や初回金の受領印を押印して返却したものは，契約の成立に伴って契約金額の一部を受領するものですから，このような申込書等は契約書に該当することとなります。なお，この場合は金銭の受取書（第17号の1文書）にも該当しますから，通則3のイ又はハのただし書きの適用がある場合がありますので注意を要します（基通28参照）。

(2)　契約書に該当しないとされるもの

　　申込書の控えに申込みを受けた側が署名又は押印をして返却する場合があります。

　　このような場合であっても，例えば，単なる文書の受付印と認められるものや，手付金とか申込証拠金のように単に申込みの意思表示を示す金銭の受領印を押印して返却するものなど，その署名又は押印が当事者の意思の合致を証明する目的以外の目的でなされたことが明らかなものは，契約書には該当しません。

　(注)　手付金や申込証拠金の受領印を押印して返却したものについては，手付金や申込証拠金の受領事実を表し，金銭の受取書（第17号の1文書）として課税文書になります。

3　CASE10「工事注文書」の検討

　事例の「工事注文書」の表題に用いられている「注文書」という文言は，一般的には工事の申込み事実を証明する文書に使用する文言になると考えられますが，事例の「工事注文書」には契約当事者双方の押印がありますから，2(1)

のとおり，契約当事者の意思の合致を証明する目的で作成されたものと認められますので，原則として，印紙税法上の契約書に該当します。

　したがって，この文書は，工事の内容，金額，工期，支払条件等を定める契約書ですから，第2号文書（請負に関する契約書）に該当します。

 チェックポイント

① 双方の署名又は押印のある文書は，たとえ「注文書」といった表題を用いている場合であっても，契約書に該当するケースがあります。

② 注文書という文書名にとらわれることなく，個々の記載事項や署名又は押印の意味や必要性について十分検討して課税事項の有無を判断する必要があります。

② 取引の相手方が用意した申込文書であっても，課税文書になる場合があり，この場合は，申込者が作成者となり納税義務を負うことになるので，申込者においても課否の検討を確実に行うことが肝要となります。

11 貸付決定通知書

　当社では，従業員に対する住宅資金等の貸付制度を設けています。貸付けに際しては，従業員からの住宅資金等の借入申込みに対し，審査の結果，貸付けを決定したことを記載した次の「貸付決定通知書」を借入申込者に交付していますが，このような文書でも印紙税が課税になるとの指摘を受けました。当社では，単なる社内整理のための文書と考えていましたので，印紙税の課税対象かどうかの検討は行っていませんでしたが，どのような取扱いになりますか。

住宅資金

社内住宅融資決定通知書

所属		所属長印	印	決定	承認	受付日 ・　・	担保差入記録	
						決定日 ・　・	物　件	差入日
氏名				住宅融資決定条件			土　地 権利証	
入社日	入社年数						家　屋 権利証	
年齢	定例給与							
使用目的								
申込金額								

　事例の「貸付決定通知書」は，契約書に該当し，第1号の3文書（消費貸借に関する契約書）に該当します。

　したがって，後日，改めて借用証書の差入れや金銭消費貸借契約書を作成することとしている場合でも，課税の対象となります。

　社内整理文書として使用する場合には，申込者に交付しないこととする，あるいは，審査の結果により貸付けを決定したことに関する項目は記載せず，また，押印等は行わないで，申込事項のみを記載した申込書の控えとして交付することも考えられます。

解　説

1　貸付決定通知書の取扱い

　金銭消費貸借契約書とは，いわゆる借用証のように，貸主と借主との間で，金銭を貸し付けた事実（借り受けた事実）及び当該金銭の返済条件等を取り決める文書です。

　なお，印紙税法上の契約書には，通則5により予約を含むことが明確にされており，消費貸借契約においても，金銭の授受に先立って契約書が作成される場合で，貸付金額が確定していると認められるものは，消費貸借契約書に該当し，課税文書に該当することとなります。

　このようなことから，通達においても，金融機関等が融資の申込みがあった場合に，申込人の返済能力等を審査の上，貸し付けることを決定し，その旨を記載して申込人へ交付する貸付決定通知書等と称する文書は，融資の予約を証する目的で作成されるものであることから，第1号の3文書（消費貸借に関する契約書）に該当することが明らかにされています（基通別表第1第1号の3文書関係の10）。

2　CASE11「貸付決定通知書」の検討

　事例の「貸付決定通知書」は，従業員からの住宅資金等の借入れの申込みに対して，申込人の返済能力等を審査の上で，貸し付けることを決定し，その旨を記載して申込人である従業員に交付する文書であり，住宅資金等の貸付けの予約を証する目的で作成されるものですから，第1号の3文書（消費貸借に関する契約書）に該当することになります。

　ところで，印紙税は，文書ごとに課税されますから，たとえ後日改めて「借用証書」や「金銭消費貸借約定書」などの消費貸借に関する契約書を作成する場合でも，それとは別に課税されることになります。

　このため，事例の文書をあくまでも契約書に該当しない社内整理文書とする場合には，申込者には交付せず，手元控え文書として使用することを検討することも一法となります。あるいは，①審査の結果により貸付けを決定した旨の文言の記載をせず，また，担当者の押印等を行わないで，申込事項のみを記載した申込みの控えとして交付する，②融資手続を案内する文書（貸付内容等の記載を省略した文書）とし，貸付実行前の手続案内文書として交付することなども考えられます。

 チェックポイント

①　会社と従業員の間で交わされる文書であるため，印紙税とは無縁であると考えられがちですが，独立した者の間の契約に係る文書であり，課否の検討を確実に行う必要があります。
②　通知書という文書名にとらわれることなく，文書の性格や個々の記載事項，署名又は押印の意味や必要性について十分検討して課税事項の有無を判断する必要があります。
③　取引の一方当事者が作成する文書であっても，契約書に該当するケースは多くあるため，課否の検討を確実に行う必要があります。

12 単価決定通知書

当社は，事務機器のメーカーですが，部品の製造委託契約を締結している委託先に対して，あらかじめ協議の上，決定した加工料等の単価を，次のような「単価決定通知書」により通知しています。この文書は課税文書に該当しないと判断していましたが，どのような取扱いになるでしょうか。

年　　　月　　　日

△　△　株式会社御中

○　○　株式会社

単価決定通知書

貴社との協議により，下記の通り単価を決定致しましたので，ご通知申し上げます。

1．取引価格

品　　名	決定価格（円）		備　　考
	1ケース当たり	1缶当たり	
ABC − 1200	1,200円	100円	
MNO − 2400	1,440円	120円	
XYZ − 3600	1,800円	150円	

2．適用期間

　X1年　　月製造開始時より次回改定時まで

3．その他

　価格は，貴社工場車上渡し価格とし，消費税及び地方消費税は含まない。

ADVICE

事例の文書は，取引当事者間で協議の上，決定した単価を証するものと認められますから，契約書に該当し，通則3のイのただし書の規定により第7号文書（継続的取引の基本となる契約書）に所属が決定されますので，4,000円の収

入印紙の貼付が必要です。

　なお，このような通知書に対して，取引当事者の相手方からの承諾書等の文書を求めているケースも見受けられます。

　その場合は，その承諾書等が当事者間において契約の成立等を証する文書ということができますので，この通知書に「承諾の際には承諾書等の提出を求める」旨を明示することにより，契約書として取り扱われないこととする対応も考えられます。

解 説

1　単価決定通知書等の取扱い

(1)　当事者の一方が作成し，通知する文書の取扱い

　印紙税法における「契約書」とは，契約証書，協定書，約定書その他名称のいかんを問わず，契約（その予約を含みます）の成立若しくは更改又は契約の内容の変更若しくは補充の事実（以下「契約の成立等」といいます）を証すべき文書をいい，念書，請書その他契約の当事者の一方のみが作成する文書又は契約の当事者の全部若しくは一部の署名を欠く文書で，当事者間の了解又は商慣習に基づき契約の成立等を証することとされているものを含むものとされています（通則5）。

　また，課税事項のうちの一の重要な事項を証明する目的で作成される文書であっても，契約書に該当することとされており，その重要な事項は基本通達別表第2に定められています（基通12）。

　事例の文書のように，「通知書」，「連絡書」等，通常連絡文書に用いられる名称が表題として付された文書であっても，取引当事者間で協議の上，単価を決定したことが文書上明らかなものについては，第2号文書及び第7号文書における重要事項として規定されている「単価」を補充した文書となり，印紙税法上の契約書に該当することとなります（基通12，18，別表第2）。

　これは契約当事者の一方が作成する文書であっても，契約の成立等を証す

る文書である限り，契約書に該当するからです。

(2) 「単価決定通知書」の具体的な取扱い

具体的には，次のいずれかに該当する「単価決定通知書」等が，契約書に該当するものとして取り扱われています。

① 当該文書に当事者双方の署名又は押印のあるもの。

② 当該文書に「見積単価」及び「決定単価」，「申込単価」及び「決定単価」又は「見積No」等の記載があることにより，当事者間で協議の上，単価を決定したと認められるもの。

③ 委託先から見積書等として提出された文書に，決定した単価等を記載して当該委託先に交付するもの。

④ 当該文書に「契約単価」，「協定単価」又は「契約納入単価」等，通常契約の成立事実を証すべき文言の記載があるもの。

⑤ 当事者間で協議した上，決定した単価を，当該文書により通知することが基本契約書等に記載されているもの。

(注) 上記の②から⑤に該当する場合であっても，契約の相手方当事者（委託先等）が，別途，「承諾書」等の契約の成立の事実を証明する文書を作成することが明らかにされている場合は除かれます。

2 CASE12「単価決定通知書」の検討

事例の「単価決定通知書」は，文書上に「貴社との協議により，下記の通り単価を決定致しました」，「決定価格」といった記載があることにより，当事者間で協議の上，単価を決定し，更に，この文書によって決定した単価を証するものと認められますから，契約書に該当します。

また，この文書は，継続して行う請負契約に適用される加工料等の単価を定めるものですから，第2号文書（請負に関する契約書）と第7号文書（継続的取引の基本となる契約書）に該当しますが，当該文書には契約金額の記載がありません（記載されている決定価格はあくまで「単価」になります）ので，通則3のイのただし書の規定により第7号文書に所属が決定されます。

チェックポイント

① 「通知書」，「連絡書」等通常連絡文書に用いられることの多い名称が表題となっている文書であっても，文書名にとらわれることなく，文書の性格や個々の記載事項，署名又は押印の意味や必要性について十分検討して課税事項の有無を判断する必要があります。

② 文書に「契約」，「約定」，「受託」，「承諾」，「確認」，「決定」，「証」などといった一般に契約の成立等の事実を表す文言が記載されているものは，多くの場合，取引当事者の了解事項が記載されているものと評価できることから，契約書に該当することになります。

③ 取引当事者の一方が作成して相手方に通知する文書であっても，契約書に該当するケースは多くあるため，課否の検討を確実に行う必要があります。

業務受発注通知書

当社は，カタログ等の印刷を主に行う印刷業を営む法人ですが，得意先である自動車メーカーなどから契約の申込みがあった場合には，契約内容の交渉，合意を経て，当社において，合意した内容を記載した次の「業務受発注通知書」を作成し，注文主に書面で通知しています。この度，得意先が印紙税の調査を受け，当方が作成した「業務受発注通知書」が課税文書に該当するとの指摘を受けたとの連絡を受けました。

当社では，「業務受発注通知書」は単なる連絡文書と考え，印紙税の課否の検討は行っていませんでしたが，どのような取扱いになるでしょうか。

年　　月　　日

△　△　株式会社御中

○○印刷 株式会社

業務受発注通知書

貴社との協議により，下記の通り決定致しましたので，ご通知申し上げます。

業　務　名	○○○カタログの印刷		

見　積　項　目	内　　容	金　　額	備　　考
原稿作成費	詳細は別紙1	円	
版下作成費	詳細は別紙2	円	
営業費	詳細は別紙3	円	
（略）			
合　　計		円	

受　注　番　号	
納　　期	
支　払　条　件	
（略）	

ADVICE

　事例の文書は，契約の相手方からの申込みに対して，それを承諾する目的で作成し，契約の相手方に対して交付する文書ですから，印紙税法上の契約書に該当し，第2号文書（請負に関する契約書）に該当します。

　仮に，別途，正式な請負契約書等が作成されるのであれば，事例の文書においては契約金額を定めず，記載金額の定めのない契約書（印紙税額200円）とすることにより，税負担を抑えることは可能であると考えられます。

解 説

1　「通知書」，「連絡書」等の取扱い

　印紙税法における「契約書」とは，契約当事者の間において，契約（その予約を含みます）の成立，更改又は内容の変更若しくは補充の事実（以下「契約の成立等」といいます）を証明する目的で作成される文書をいい，念書，請書その他契約の当事者の一方のみが作成する文書又は契約の当事者の全部若しくは一部の署名を欠く文書で，当事者間の了解又は商慣習に基づき契約の成立等を証することとされているものを含むものとされています（通則5）。

　したがって，事例の文書のように，「通知書」，「連絡書」等通常連絡文書に用いられる名称を用いた文書であっても，契約当事者の間において，契約の成立等を証するために作成する文書は，契約書に該当することになります。

　例えば，次の通知書等は，契約書に該当します。

① 　相手方の申込みに対して応諾することがその文書上明らかなもの

② 　基本契約書等を引用していることにより，双方の合意に基づくものであることが明らかなもの

③ 　当事者間で協議の上決定した事項を，当該文書により通知することが基本契約書等に記載されているもの

2　CASE13「業務受発注通知書」の検討

　事例の「業務受発注通知書」は，契約の相手方（発注者）との間で，事前協議を行った結果，合意に至った内容について，一方の当事者（受注者）が作成して交付する文書であり，契約相手方からの申込みに対して，それを承諾する目的で作成し，契約の相手方に対して交付する文書（いわゆる請書となるもの）ですから，印紙税法上の契約書に該当します。

　このことは，事例の「業務受発注通知書」の名称，「貴社との協議により，下記の通り決定致しました」，「受注番号」などの文言からみても申込みに対する応諾を表していることが明らかです。

　したがって，事例の「業務受発注通知書」は，印刷という請負の受注内容を定めるものですから，第2号文書（請負に関する契約書）に該当し，契約金額に応じた収入印紙の貼付が必要となります。

　なお，後日正式な契約を交わし契約書を作成することが予定されているのであれば，事例の「業務受発注通知書」には契約金額を記載しないこととし，記載金額の定めのない契約書として，税負担を抑えることが可能です。

⚠ チェックポイント ⚠

① 「通知書」，「連絡書」等通常連絡文書に用いられる名称の表題を用いた文書であっても，文書名にとらわれることなく，文書の性格や個々の記載事項，署名又は押印の意味や必要性について十分検討して課税事項の有無を判断する必要があります。

② 文書に「契約」，「約定」，「受託」，「承諾」，「確認」，「決定」，「証」などといった一般に契約の成立等の事実を表す文言が記載されているものは，多くの場合，取引当事者間の了解事項が記載されているものと評価できることから，契約書に該当することとなります。

③ 取引当事者の一方が作成して通知する文書であっても，契約書に該当するケースは多くあるため，課否の検討を確実に行う必要があります。

卸売業者が交付する仕切書

　当社は，アパレル関係の卸売業を経営しています。当社では一部の店舗において，消費者を含めた店頭販売を行っていますが，お買い上げがあった際，顧客に次の「仕切書」を交付しています。この度，この「仕切書」が領収書になるのではないかとの指摘を受けましたが，どのような取扱いになるでしょうか。

仕 切 書

_____ 様

○○ 株式会社

No.	得意先コード	取引区分	日付	伝票No.	摘要
320	3000451	現金	2019.7.12	2551	

品　番	単　価	数　量	金　額	摘要
A105528	36,000	1	36,000	コート
B200457	28,000	1	28,000	スーツ
小　計		2	64,000	
合　計		2	64,000	
預			70,000	
釣			6,000	

　事例の「仕切書」は，文書上に「預」，「釣」といった代金の受領を証する文言の記載があり，コート等の商品の売上代金の受領を証するものと認められますから，第17号の1文書（売上代金に係る金銭の受取書）に該当することになりますので，受取金額に応じた収入印紙を貼付する必要があります。

　表題が「仕切書」となっているため，印紙税の課否の判断を誤るケースがありますので留意を要します。

　なお，クレジットカードによる決済の場合は，その旨を書面に表示することにより，金銭又は有価証券の受取書に該当しないことになりますので，適切な対応が必要になります。

解　説

1　印紙税における課否の判断

　印紙税の課否は，その文書の全体的な評価のみによって決めるのではなく，その文書に記載されている個々の事項の全てについて検討し，その中に課税事項が一つでも含まれていれば，その文書は課税文書になります。

　また，文書の名称や文言は種々の意味に用いられますから，文書の内容の判断は，その文書の名称，呼称や形式的な記載文言によって判断するのではなく，その文書に記載されている文言，符号等の実質的な意義に基づいて行うこととされており，つまり，記載文言による実質判断を行うことになります（基通3①②）。

2　金銭又は有価証券の受取書の取扱い

　「金銭又は有価証券の受取書」とは，金銭又は有価証券の引渡しを受けた者が，その受領事実を証明するために作成し，その引渡者に交付する単なる証拠証書をいいます（基通別表第1第17号文書関係の1）。

　したがって，金銭又は有価証券の受取書は，金銭又は有価証券の受領事実を証明する全ての文書をいうこととなります（基通別表第1第17号文書関係の2）から，その文書の標題，形式的な記載文言に必ずしも「受取書」と記載されている必要はなく，また，関係法律の規定，当事者間の了解又は商慣習等によって受取事実を証明すると認められるものも含まれることとなります。

　このため，「受取証」「領収証」「領収書」「レシート」はもちろんのこと，受取事実を証明するために，次のような請求書やお買上票等に「代済」「相済」「了」等と記入したものや，金銭登録機（レジスター）によって作成されるお買上票等，その作成の目的が金銭又は有価証券の受取事実を証明するものであるものは，金銭又は有価証券の受取書に該当します（基通別表第1第17号文書関係の1）。

請　求　書					
○　○　○　○　殿					
				請求年月日　　年　　月　　日	
販売日	品名	数量	単価	金額	摘要
				受領 2018.12.12	
			合　計		

3　CASE14「仕切書」の検討

　事例の「仕切書」は，顧客に対して商品を売上げ，代金を受領した際に交付するもので，文書上においても，「預」，「釣」といった代金の受領を証する文言

があることにより，金銭の受領事実を証するものと認められます。

　したがって，当該文書は，第17号文書（金銭の受取書）に該当することになり，コート等の商品の売上代金の受領を証するものですから，第17号の1文書（売上代金に係る金銭の受取書）に該当しますので，受取金額に応じた収入印紙を貼付する必要があります。

　　(注)　受領金額が5万円未満の場合は非課税となります。

　なお，クレジットカードなどによる信用取引で，金銭の受け取りがない場合であっても，その旨の表記をしないと，第17号の1文書（売上代金に係る金銭の受取書）として取り扱われますから留意が必要です。

チェックポイント

① 　第17号文書（金銭又は有価証券の受取書）は，表題のいかんを問わず，形式が伝票のようなものであっても，金銭又は有価証券の受領の事実を証するものであれば，これに該当します。
② 　文書に「代済」「相済」「了」等と記入したもので，金銭等の受領の事実を証するものは，第17号文書（金銭又は有価証券の受取書）に該当することになります。
③ 　金銭登録機（レジスター）によって作成されるお買上票等は，第17号文書（金銭又は有価証券の受取書）に該当することになります。

15 特別リベート支払いに関する覚書

　当社は，化粧品のメーカーですが，当社製品の得意先との間で，リベートの支払いに関する次のような覚書を取り交わしています。この文書は，得意先との間の物品売買契約に関してリベートの支払いと計算方法を定めるものです。

　物品売買契約書は印紙税は課税されないと聞いていたことから，印紙税の課税対象外と考えていたところ，課税文書に該当するとの指摘を受けています。どのような取扱いになるでしょうか。

特別リベート支払いに関する覚書

　＿＿＿＿＿＿＿＿＿＿＿（以下「甲」という。）に対して，＿＿＿＿＿＿＿＿＿＿＿（以下「乙」という。）は，乙の製品の拡販に格別なる努力を払われていることに感謝し，相互のなお一層の繁栄を目的として，特別リベートを下記の条項に従ってお支払いします。

　第1条　甲は，　年　月　日より　年　月　日までの間に，乙の製品を500万円仕入れ，販売するものとし，乙は甲の仕入実績額に対して5%相当額の特別リベートを支払うものとします。

　第2条　支払条件は第1条の規定にかかわらず，次の各号に対応するものとします。

仕入予定額に対する仕入実績額の達成率	支払条件
100%以上	仕入実績額×特別リベート支払率×100%
80%以上100%未満の場合	仕入実績額×特別リベート支払率× 80%
70%以上80%未満の場合	仕入実績額×特別リベート支払率× 70%
70%未満の場合	仕入実績額×特別リベート支払率× 50%

　第3条　「特別リベート」の支払方法は別紙記載のとおりとします。

　第4条　「特別リベート」の支払期日は　年　月　日とします。

　第5条　本覚書に記載されていない事項については，甲乙協議の上，別途定めるものとします。

以上，約定の証として本覚書1通 を作成し，甲乙記名押印の上乙が保有するもの
とします。

年　　　月　　　日

甲　　　　　　　　　　　　　　　　㊞

乙　　　　　　　　　　　　　　　　㊞

ADVICE

　この文書は，貴社と得意先との間における貴社製品の売買に当たって，一定
期間の取扱数量（取扱金額）を定めるものですから，第7号文書（継続的取引
の基本となる契約書）に該当しますので，印紙税額は4,000円となります。

　ただし，リベートの計算期間が3月未満の場合は，課税文書に該当しません。

　例えば，この文書の作成目的がリベートの計算方法の確認にある場合には，取
扱金額は記載せずに，「支給率」と「計算方法」のみを定めることも考えられます。

解 説

1　継続的取引の基本となる契約書の取扱い

　貴社と取引先との間においては，継続的な取引があるということですから，印
紙税の課税文書である第7号文書（継続的取引の基本となる契約書）に該当す
るかどうか検討してみる必要があります。

　第7号文書の要件は，印紙税法施行令第26条に規定されていますが，その第
1号では，「特約店契約書その他名称のいかんを問わず，営業者（法別表第一第
17号の非課税物件の欄に規定する営業を行う者をいう。）の間において，売買，
売買の委託，運送，運送取扱い又は請負に関する2以上の取引を継続して行う
ため作成される契約書で，当該2以上の取引に共通して適用される取引条件の
うち目的物の種類，取扱数量，単価，対価の支払方法，債務不履行の場合の損
害賠償の方法又は再販売価格を定めるもの（電気又はガスの供給に関するもの

を除く。）」と規定されています。

　したがって，令第26条第1号に掲げる継続的取引の基本となる契約書とされるのは，次の5項目の要件全てに該当するものとなります。

① 　営業者の間の契約であること

② 　売買，売買の委託，運送，運送取扱い又は請負のいずれかの取引に関する契約であること

③ 　2以上の取引を継続して行うための契約であること

④ 　2以上の取引に共通して適用される取引条件のうち目的物の種類，取扱数量，単価，対価の支払方法，債務不履行の場合の損害賠償の方法，再販売価格のうちの1以上の事項を定める契約であること

⑤ 　電気又はガスの供給に関する契約でないこと

2　「取扱数量」を定める文書の取扱い

　1のとおり継続的な売買取引に係る第7号文書の重要な事項は，令第26条第1号に掲げる要件とされており（基通12，別表第2），具体的には，「目的物の種類」，「取扱数量」，「単価」，「対価の支払方法」，「債務不履行の場合の損害賠償の方法」又は「再販売価格」を定めるものが第7号文書として課税の対象となります。

　この中で，「取扱数量」を定めるものとは，どれほどの取引を行うかということを定めるものをいいますから，例えば，「1月当たりの取引数量は100台以上とする。」といったように，1取引当たり，1月当たり等の取扱数量を具体的に取り決めるものがこれに該当します。

　また，「取扱数量」には，数量的な記載に限らず，金額的な記載もこれに含まれます。したがって，例えば，「1か月当たりの取扱目標金額は100万円以上とする。」といった契約もこれに当たります。

　ただし，例えば「各月の注文数量に応じて引き渡す。」など具体的な数量を定めないものは含まれません。

3 CASE15「特別リベート支払いに関する覚書」の検討

　事例の「特別リベート支払いに関する覚書」は，取引を開始するに当たって作成するものではなく，当初の契約書の作成の有無にかかわらず，当事者の継続的な取引の基本契約を補充する文書と考えることができます。

　この補充契約書に該当する場合には，契約に係る事項が重要な事項か否かにより印紙税の課税文書に該当するかどうかが決まることとなります（基通18）。

　したがって，事例の文書が課税文書に該当するかどうかは，貴社と取引先の間の貴社製品の継続的な売買契約を基礎とする補充契約書に該当するかどうかがポイントとなります。

　そこで，事例の文書の記載事項を見ますと，第1条では，「甲は，　年　月　日より　年　月　日までの間に，乙の製品を500万円仕入れ，販売するものとし，」と記載しており，この契約により予定取引金額が定まるものと考えられます。

　2のとおり，「取扱数量」には，数量的な記載に限らず，金額的な記載もこれに含まれるとされており，この文書には具体的な金額の記載もありますから，第7号文書に該当することになり，4,000円の印紙税負担となります。

　ただし，リベート支給の対象期間が3月未満の場合には，第7号文書に該当せず，課税文書に該当しません。

　また，例えば，この文書の作成目的がリベートの計算方法を確認することにある場合には，取扱金額はあえて記載する必要がないということになりますから，取扱金額を記載しないで，「支給率」と「計算方法」のみを定める文書とすることとすれば，第7号文書の重要な事項を補充する文書に該当しないことになり，課税文書とはなりません。

⚠ チェックポイント ⚠

① 契約書に記載されている事項が契約に係る重要な事項を補充する内容のものであれば，補充契約書に該当することとなり，印紙税の課税文書に該当します。

② 　仕入割戻金，リベートやアローアンスなどを定める文書に，併せて「目標取扱数量」や「目標取扱金額」などを定める場合は，第7号文書に該当する場合があることから，記載内容について十分に検討する必要があります。

16 加工請負契約に基づく「加工明細」等

　当社は，事務機器の販売を行う法人ですが，製品の加工について外注しており，外注委託先とは加工請負基本契約書を取り交わしています。

　製品の加工を依頼する際には，当社（発注者）から外注委託先（受注者）に対して「加工明細」を交付し，これに対して委託先から「請求書兼加工明細」の交付を受けます。

　当社では，これらの文書は単なる連絡文書として印紙税の課税対象とは考えていませんでしたが，外注委託先より課税になるのではないかとの連絡を受けたところです。

　なお，外注委託先と取り交わしている「加工請負基本契約書」の中に，「加工明細等は，個々の加工取引の成立内容の確認の証とする。」旨の条項がありますが，その取扱いはどのようになるでしょうか。

　また，「加工明細」，「請求書兼加工明細」そのものには，「個々の加工取引の成立内容の確認の証とする。」旨の記載や「加工請負基本契約書」を引用する旨の記載はありません。

（請求書兼）加工明細

加工委託先						
	品　　名	型番	数量	単価	金額	摘要
1						
2						
3						
4						
5						
	合計					

年　　　月　　　日

株式会社　　○　　○

加工請負基本契約書

_____（以下「甲」という。）と_____（以下「乙」という。）は，甲の企画する製品の加工に関し，甲は乙に対して加工を委託し，乙は請け負うことを約する。

（中略）

第10条　前条に規定する加工明細等は，個々の加工取引の成立内容の確認の証とする。

（中略）

　以上，契約の証として本契約書を２通作成し，甲乙記名押印の上それぞれが保有するものとします。

　　　年　　　月　　　日
　　　　甲　　　　　　　　　　　　　　　　　㊞
　　　　乙　　　　　　　　　　　　　　　　　㊞

ADVICE

　この文書は，貴社と外注委託先との間における「加工請負基本契約書」において，個々の製品の加工請負契約の成立の事実を証すべきものとすることについての了解があることから，第２号文書（請負に関する契約書）に該当することになります。

　なお，単価等は別途定めることとし，加工明細等には加工内容と数量のみの記載にとどめるなど契約金額が計算できないような形式の文書にすることにより，印紙税負担の圧縮を図ることは可能です。

解　説

1　課税文書に該当するか否かの判断

　文書が課税文書に該当するかどうかについては，文書全体を一つとして判断するのみでなく，その文書に記載されている個々の内容についても判断し，単

に文書の名称又は呼称及び形式的な記載文言によることなく，その記載文言の実質的な意義に基づいて判断することとされています（基通3①）。

また，この「記載文言の実質的な意義」の判断は，その文書に記載又は表示されている文言，符号を基として，その文言，符号等を用いることについての関係法律の規定，当事者間における了解，基本契約又は慣習等を加味し，総合的に行うこととされています（基通3②）。

2 CASE16「（請求書兼）加工明細」の検討

事例の「（請求書兼）加工明細」が課税文書となるのかどうかの判定については，「加工明細」等の標題等を用いることについての当事者間の了解や基本契約等における当事者の取り決めなどを加味して，総合的に行う必要があります。

この文書の場合には，いずれも契約当事者間において個々の製品の加工請負契約の成立の事実を証すべきものとすることについての了解があり，かつ，その成立を証明する目的で作成するものであることが加工請負基本契約書10条の定めからみて明らかになっているといえます。

したがって，加工料の合計額を契約金額とする第2号文書（請負に関する契約書）に該当することになりますから，契約金額に応じて収入印紙を貼付する必要があります。

なお，単価等は別途定めることとし，加工明細等には加工内容と数量のみの記載にとどめるなど契約金額が計算できないような形式の文書にすることにより，印紙税負担の圧縮を図ることは可能です。

(注) 「単価に関する覚書」などを別途定めることとする場合には，覚書自体が第7号文書（継続的取引の基本となる契約書）に該当する場合がありますが，事例の「（請求書兼）加工明細」で毎回契約金額に応じた印紙税を負担するよりは，負担の圧縮が期待できます。

⚠ チェックポイント ⚠

① 文書の課否の判断に当たっては，文書に記載されている文言，符号等を基として，その文言，符号等を用いることについての関係法律の規定，当事者間における了解，基本契約又は慣習等を加味し，総合的に行います。

② 文書の表題や，形式にとらわれることなく，文書に記載されている個々の内容について，取引当事者間においてその文書を作成することの実質的な意義を十分検討する必要があります。

本業以外の行為に関連して作成する領収証

当社は，金属加工を行う株式会社です。この度，加工工場の資材置き場として使っていた土地が不要となり，売却することになりました。

この土地の売却では土地の価格が下がっていることもあって売却損が生ずるものですが，土地の売却金額を受領した際に領収証を交付します。

印紙税法では，営業に関しない受取書は非課税と聞きましたが，当社がこの土地の売却金額の受領に際して作成する領収証も非課税と取り扱ってよいのでしょうか。

領　収　証

_____殿

_____円也

ただし，　年　月　　日付土地譲渡契約書による土地譲渡代金として。

　　　　年　　　月　　　日

株式会社〇〇製作所
代表取締役　△　△　△　△　㊞

ADVICE

貴社が作成する金銭又は有価証券の受取書は，一定のものを除き，全て営業に関する受取書になりますので，受取金額に応じた収入印紙を貼付する必要がありますので留意する必要があります。

解 説

1　営業に関しない金銭等の受取書の取扱い

(1)　営業とは

　　印紙税法別表第一第17号文書の非課税物件欄には，「営業に関しない受取書」が掲げられており，営業に関しない受取書は非課税とされています。

　　営業とは，一般通念では，利益を得る目的で，同種の行為を継続的，反復的に行うことをいいます。営利目的がある限り，現実に利益を得ることができなかったとしても営業といえますし，また，当初に継続，反復の意思がある限り，1回でやめたとしても営業に該当します。

　　具体的にどのような行為が営業に該当するかは，商法の規定による商人と商行為から考えられ，商行為をなすことを業とするものは商人となり，商人となる者が，営利を目的として同種の行為を反復継続する場合は営業に該当するとされています。

　　したがって，商行為に該当しない医師，弁護士等の行為は営業にはならず，また，農業，漁業等の原始生産業者が店舗をもたずにその生産物を販売する場合も商人の概念から除かれますので営業にはなりません。

(2)　法人の取扱い

　　法人の場合には，私法人は大別すると営利法人，公益法人及びそれら以外の法人に分けられます。

　　営利法人である会社法の規定による株式会社，合名会社，合資会社又は合同会社がその事業としてする行為及びその事業のためにする行為は商行為であり（会社法5条），全て営業（資本取引に係るものなど特に定めるものは除かれます）になります。

　　なお，公益社団法人，公益財団法人，学校法人などの公益法人については，その法人が目的遂行のために必要な資金を得るための行為が商行為に該当する場合であっても営業には該当しません。

また，営利法人及び公益法人以外の法人については，印紙税法では，その事業の実態等を考慮して，会社以外の法人で，利益金又は剰余金の配当又は分配をすることができることとなっている法人が，出資者以外の第三者に対して行う事業は，営業に含むこととなっています（出資者に対して行う事業は，営業に含みません）。

(3)　営業に関しない受取書の扱い

　以上のような営業の考え方に基づき，営業に関しない金銭等の受取書は，非課税とされています。

【参考；営業に関しない受取書か否かの判定基準】

　金銭又は有価証券の受取書のうち営業に関しない受取書は非課税とされていますが，営業に関しない受取書かどうかについて発行主体によって分類すると概ね次のとおりです。

区分			例	判定
法人	国・地方公共団体		財務省，東京都，横浜市　等	非課税（注）
	印紙税法別表第二に掲げる法人		特定の独立行政法人，地方独立行政法人，国立大学法人，信用保証協会，日本年金機構，株式会社日本政策金融公庫　等	
	非営利法人等（会社以外の法人）	利益等の分配をすることができないもの	一般社団法人，一般財団法人，公益社団法人，公益財団法人，特定非営利活動法人（NPO法人）　等	非課税
		利益等の分配をすることができるもの｜出資者に対して行うもの	農業協同組合，漁業協同組合，消費生活協同組合，信用協同組合，税理士法人　等	非課税
		利益等の分配をすることができるもの｜出資者以外に対して行うもの		営業
	営利法人（会社）		株式会社，有限会社，合資会社，合名会社，合同会社　等	営業

人格なき社団等	非営利事業を目的としない人格のない社団が収益事業に関して作成するもの		営業
	非営利事業を目的とする人格のない社団が作成するもの		非課税
自然人（個人）	商人としての活動	物品販売業者，飲食店経営者，貸アパート業者　等	営業
	商人としての活動でないもの	サラリーマン，内職，医師，弁護士，農家による店舗等の設備を持たずにする農産物の販売等	非課税

(注)　国・地方公共団体又は印紙税法別表第二に掲げる者が作成した文書は，印紙税法第5条第2号により，印紙税が課されません。

　なお，法人が作成する金銭又は有価証券の受取書は，原則，営業に関するものとなりますが，法人が作成するものであっても次のような受取書は，営業に関しないものとされます。

受取書の名称	内　　　　容
租税過誤納金等の受取書	国税及び地方税の過誤納金とこれに伴う還付加算金を受領（納税者等の指定する金融機関から支払いを受ける場合を含む）する際に作成する受取書（基通第17号文書の29）
返還を受けた租税の担保の受取書	租税の担保として提供した金銭又は有価証券の返還を受ける際に作成する受取書（基通第17号文書の30）
返還を受けた差押物件の受取書	差押物件の返還を受ける際に作成する受取書（基通第17号文書の31）
株式払込金領収証又は株式申込受付証等	資本取引である株式払込金（株式申込証拠金を含みます）領収証又はこれに代えて発行する株式申込受付証並びに出資金領収証で，直接会社が作成する受取書（基通第17号文書の32）

2　CASE17「領収証」の検討

　1で説明したように，いわゆる営利法人である株式会社，合名会社，合資会社及び合同会社が，その事業としてする行為及びその事業のためにする行為は，

会社法第5条の規定により商行為とされており，その法人がその名義で作成する受取書は，一定のものを除き，全て営業に関する受取書になりますから，受取金額が5万円未満となる場合を除いて課税文書となります。

　したがって，事例の場合の「領収証」は，本業以外の付随行為に関連して作成するものであっても，また，売却損が生ずる取引であっても，売却代金を受領した際に交付する受取書ですから，第17号の1文書（売上代金に係る金銭又は有価証券の受取書）に該当することになります。

チェックポイント

① 　営利法人が，その事業としてする行為及びその事業のためにする行為は商行為とされており，その法人がその名義で作成する受取書は，一定のものを除き，全て営業に関する受取書に該当し，課税文書となります（受取金額が5万円未満となるものを除きます）。

② 　資産を譲渡したことの対価として受け取る金銭又は有価証券の受取書は，第17号の1文書（売上代金に係る金銭又は有価証券の受取書）に該当しますから，受取金額に応じて階級定額税率が適用されます。

18 証書貸付ご入金計算書

　当社は，主に中小企業事業者に対する金融を扱っており，証書貸付けによる融資額の償還期限ごとに，貸付元本と利息の返済があった場合には，毎回，融資先の事業者あてに，次のような計算書を送付しています。

　当社では，単なる約定利息計算内容などの案内文書とみていましたが，この度の税務調査において，この文書は金銭の受取書に当たり，課税となるとの指摘を受けました。

証書貸付ご入金計算書

　　　　　　様

　　　　　　　　　　　　　　　　　　　　　　　　　年　　　月　　　日

償還金	円	約定利息計算	約定利率○％（A）
約定利息	円	期間（　　～　　）	日×（A）＝
延滞利息	円	延滞利息計算	一日当り延滞利息　円（B）
	円	日数（　日）	日×（B）＝
合計金額	円	償還前残高	円
振替指定口座	XXX－XXXXXXX	償還後残高	円

　毎々格別のお引き立てありがとうございます。

　本日お取引いただきました証書貸付のお利息は，上記の通り計算いたしましたので，お改めください。今後ともよろしくお願い申し上げます。

　　　　　　　　　　　　　　　　　　　　　　　　　　　●●信用金庫

ADVICE

　貴社が作成する証書貸付ご入金計算書は，貸出先から貸付金元金と利息の返済を受けた場合に，その計算内容とともに，貸付金元金と利息の償還金の受領

事実を証明して貸出先に交付する文書となり，第17号文書（金銭又は有価証券の受取書）に該当するものとなりますから，所定の収入印紙の貼付が必要となるものです。

解 説

1　金銭等の受取書の取扱い

金銭又は有価証券の受取書とは，金銭又は有価証券の引渡しを受けた者がその受領事実を証明するために作成し，その引渡者に交付する単なる証拠証書をいいますから，金銭又は有価証券の受領事実を証明する全ての文書が該当します。

ですから，「領収書」，「受取書」と記載された文書はもちろんのこと「仮領収書」や「レシート」と称されるものや，相済，了，領収等と記載された「お買上票」，「納品書」等も第17号文書（金銭又は有価証券の受取書）に該当することとなります（基通別表第1第17号文書の1及び2）。

そして，文書の表題，形式がどのようなものであっても，その作成目的が金銭又は有価証券の受取事実を証明するものであるものは，第17号文書（金銭又は有価証券の受取書）に該当します。

なお，受取金額が5万円未満のものや，営業に関しないもの（例えば，サラリーマンや公益法人が作成する受取書）等は非課税となります。

2　CASE18「証書貸付ご入金計算書」の検討

(1)　第17号の1文書（売上代金に係る金銭の受取書）該当性

事例の「証書貸付ご入金計算書」は，「ご入金計算書」という表題からすると，融資金の収支計算書としての性格を有しているものとも認められますが，一方で，「償還金」，「約定利息」，「合計金額」，「償還前残高」，「償還後残高」といった記載内容から，貸付金元本（償還金）及びその利息の受領事実を証明する目的で作成される文書とも認められます。

したがって，第17号文書（金銭又は有価証券の受取書）に該当することとなるものです。

そして，貸付金元金と遅延利息は売上代金以外のものに該当しますが，約定利息は貸付けに係る対価（資産を使用させることの対価）となるものであり，売上代金に該当しますから，約定利息の受領事実を証するものは，第17号の1文書（売上代金に係る金銭の受取書）に該当することとなります。

なお，貸付金元本及び遅延利息については，資産を使用させることの対価ではないことから，売上代金には該当しません。

(注)　遅延利息は，金銭を支払う債務を期限（履行期）までに履行できなかった場合，債務不履行の損害賠償として法律上当然に支払わなければならない金銭であり，債務額に応じて一定の利率で定められることから「利息」と呼ばれますが，通常の利息とは性質が異なるものです。

(2)　記載金額の取扱い（第17号文書に係る税率の適用区分）

(1)のとおり，約定利息の受領事実を証するものは，第17号の1文書（売上代金に係る金銭の受取書）に該当しますから，税率適用に係る記載金額は，その約定利息の受領金額となります。

なお，非課税文書とされる「受取金額が5万円未満」の判定に当たっては，貸付金元本及び遅延利息の合計額と，約定利息金額との合計金額により判定することとなりますから，留意が必要です。

⚠ チェックポイント ⚠

①　売上代金とは，「資産を譲渡し若しくは使用させること（当該資産に係る権利を設定することを含む。）又は役務を提供することによる対価（手付けを含む。）」，すなわち何らかの給付に対する反対給付として受領するものをいいますから，貸付金に係る約定利息は売上代金に該当します。

②　売上代金の受取書は，記載された受取金額に応じて階級定額税率が適用されます。

③　非課税文書とされる「受取金額が5万円未満」の判定に当たっては，売上
代金と売上代金以外の金額の合計額により判定する必要があります。

19 不動産売買協定書

　当社は不動産業を営んでいますが，このほど個人の地主さんとの間で，土地の売買について合意をみたことから，次のような協定を結ぶことになりました。

　協定を結んだ後に，土地面積の実測を行うこともあって，この協定書においては，１㎡当たりの単価のみを定めていたことから，記載金額のない第１号文書（不動産の譲渡等に関する契約書）に該当するものと判断して200円の印紙を貼っておりましたが，この度の印紙税調査において，印紙税の不納付の指摘を受けました。

協定書

　売主○○○○（以下「甲」という）と買主Ｓ不動産株式会社（以下「乙」という）とは，甲の所有する土地（○○市△△町２丁目３番地所在，面積495㎡，以下「本物件」という）の売買について，後日不動産売買契約を交わすに当たり，下記のとおり合意をみたので，本書２通を作成し，各自記名押印の上，各１通を保有する。

記

（売買価格）
第１条　本物件の売買価格は，１㎡当たり40万円とする。
（土地面積の実測による精算）
第２条　本物件の面積については，後日の実測による値により確定するものとする。

（中略）

（契約の時期）
第６条　×●年●月●日までに行うものとする。

この事例は，土地の売買に当たり，後日，土地面積の実測を行うこともあって，売買代金総額を決めることはせずに，1㎡当たりの単価を確認した契約書ですが，協定書第1条（売買価格）の「1㎡当たり40万円」の単価に，協定書本文に記載のある土地の「面積495㎡」を乗じることによって，契約金額が198,000,000円であることが算定できますから，記載金額のある第1号の1文書（不動産の譲渡に関する契約書）に該当する文書として取り扱う必要がありました。

解 説

第1号文書，第2号文書及び第15号文書においては契約金額が記載金額となりますから，その多寡によって税率の適用区分や文書の課否判断が分かれることがあります。

このため，その文書において契約の成立等に関して直接証明する目的をもって記載されている金額がいくらになるのか，慎重に判定する必要があります。

1 契約金額の取扱い

第1号の1文書（不動産の譲渡に関する契約書）に該当する契約書における契約金額は，その態様に応じて次のとおり取り扱われます（基通23）。

(1) 「売買」である場合 ⇒ 売買金額

　（例） 土地売買契約書において，時価60万円の土地を50万円で売買すると記載したもの

　　　　　　　　　　　　　　　　　　　　　　　　（第1号文書） 50万円

　(注) 時価60万円は評価額であり売買金額（契約金額）ではありません。

(2)　「交換」である場合　⇒　交換金額

　交換契約書に交換対象物の双方の価額が記載されているときはいずれか高い方（等価交換のときは，いずれか一方）の金額が，交換差金のみが記載されているときはその交換差金がそれぞれ交換金額になります。

（例）　土地交換契約書において，

　①　甲の所有する土地（価額100万円）と乙の所有する土地（価額110万円）とを交換し，甲は乙に10万円支払うと記載したもの

　　　‥‥‥‥‥‥‥‥‥‥‥‥‥‥‥‥‥‥‥‥‥‥‥‥‥（第1号文書）110万円

　②　甲の所有する土地と乙の所有する土地とを交換し，甲は乙に10万円支払うと記載したもの

　　　‥‥‥‥‥‥‥‥‥‥‥‥‥‥‥‥‥‥‥‥‥‥‥‥‥（第1号文書）　10万円

(3)　「代物弁済」である場合　⇒　代物弁済により消滅する債務の金額

　代物弁済の目的物の価額が消滅する債務の金額を上回ることにより，債権者がその差額を債務者に支払う場合は，その差額を加えた金額となります。

　（例）　代物弁済契約書において，

　①　借用金100万円の支払いに代えて土地を譲渡するとしたもの

　　　‥‥‥‥‥‥‥‥‥‥‥‥‥‥‥‥‥‥‥‥‥‥‥‥‥（第1号文書）100万円

　②　借用金100万円の支払いに代えて150万円相当の土地を譲渡するとともに，債権者は50万円を債務者に支払うとしたもの

　　　‥‥‥‥‥‥‥‥‥‥‥‥‥‥‥‥‥‥‥‥‥‥‥‥‥（第1号文書）150万円

(4)　「法人等に対する現物出資」の場合　⇒　出資金額

(5)　その他　⇒　譲渡の対価たる金額

　　(注)　贈与契約においては譲渡の対価たる金額はないことから，契約金額はないものとして取り扱われます。

　　　なお，負担付贈与契約で，負担の価格が目的物の価格と同等又はそれ以上である等その実質が売買契約又は交換契約と認められる場合は，負担の価格が契約金額となります。

2 記載金額を計算することができる場合の取扱い

その文書に記載された単価，数量，記号その他により，記載金額を計算することができる場合には，計算により算出した金額が記載金額となります（通則4ホ㈠）。

（例）物品加工契約書　A商品単価500円，数量10,000個

⇒　第2号文書　記載金額は500万円

3 予約契約書の取扱い

印紙税法上の契約書とは，その名称のいかんを問わず，契約（その予約を含みます）の成立等を証すべき文書をいいます（通則5）。

したがって，事例の文書のように，土地の売買に関して本契約を将来成立させることを約することを内容とする文書であっても，契約書に当たりますから，第1号の1文書（不動産の譲渡に関する契約書）に該当する文書となります。

また，予約契約書における記載金額は，記載されている金額が予定金額，概算金額となるもの（予定数量，予定単価などが記載されていて，予定金額の計算ができる場合の算出金額なども含まれます）であっても，その金額が記載金額となります（基通26）。

4 仮契約書の取扱い

後日正式文書を作成することとしている場合において，一時的にこれに代わるものとして作成する仮の文書であっても，その文書が課税事項を証明する目的で作成されるものである場合は，印紙税法上の契約書（課税文書）となります（基通58）。

その際に，契約金額について，概算金額，予定金額，見積金額などとされている場合であっても，これらの金額の記載があれば，その金額が契約金額，すなわち記載金額として取り扱われることになります（基通26）。

5　CASE19「不動産売買協定書」の検討

　CASE19の協定書は，貴社と個人の地主さんとの間で，土地の売買について概ね合意をみた段階で作成されるものですから，予約契約又は仮契約となるものと認められますが，上記3，4のとおり，予約契約又は仮契約となるものであっても，課税事項を証明する目的で作成される文書であれば，課税文書となります。

　そして，記載金額についても，協定時点での予定金額又は概算金額の記載があれば，その金額が記載金額となります。

　事例の協定書では，土地全体の面積（協定の段階の登記簿上の面積と認められます）と1㎡当たりの単価が明らかですから，協定時点での契約金額（予定金額又は概算金額）を計算することができますので，その算出した金額が記載金額として取り扱われます。

　【参考；後日の「土地売買契約書（実測精算書）」の取扱い】

　※　CASE19の協定書を作成した後に，土地面積の実測値が確定し，本契約を締結する場合

土地売買契約書（実測精算書）

　売主○○○○（以下「甲」という）と買主S不動産株式会社（以下「乙」という）とは，×●年●月●日付にて締結した協定書に基づき，甲の所有する土地（○○市△△町2丁目3番地所在，以下「本物件」という）の実測面積は，500㎡であることを確認し，売買契約を以下のとおり締結する。

記

（売買価格）

第1条　本物件の売買価格は200,000,000円とする。

　　　　（実測面積500㎡×1㎡当たり40万円＝200,000,000円）

（代金の支払方法）

第2条　乙は●年●月●までに，売買代金を甲の預金口座に振込むものとする。

第3条　（以下　省略）

この土地売買契約書（実測精算書）は，既に作成した「×●年●月●日付協定書」の内容を変更する契約書となりますが，確定した実測値に基づき，契約金額を改めて確認しており，売買価格200,000,000円が記載金額として取り扱われますから，印紙税額は10万円（軽減税率適用の場合は6万円）となります。

　なお，この土地売買契約書（実測精算書）の第1条の規定について，「本物件の1㎡当たり単価は×●年●月●日付にて締結した協定書第1条による」とすれば，この土地売買契約書（実測精算書）では売買価格の計算ができません（引用する「×●年●月●日付協定書」は課税文書ですので，契約金額を算定する要素となる1㎡当たり単価は本契約書には記載がないことになり，契約金額の算出ができません（通則4のホ㈡）から，記載金額のない第1号文書となり，200円の印紙税とすることができます。

　また，第1条の規定を，「×●年●月●日付きにて締結した協定書における売買金額198,000,000円を200,000,000円とする。」とした場合には，その変更による増加金額2,000,000円が記載金額となります（通則4ニ，基通30）から，2,000円（軽減税率適用の場合は1,000円）の印紙税に抑えることも可能です。

⚠ チェックポイント ⚠

① 　契約金額が文書上算定できる場合には，その算定金額を契約金額（＝記載金額）として扱うことになります。

② 　後日正式に契約書を結ぶ場合であっても，CASE19の協定書は契約書（予約契約書）に該当するとともに，予定金額，概算金額とされている金額は記載金額となります。

③ 　第1号又は第2号に掲げる文書に，その文書に係る契約についての契約金額又は単価，数量，記号その他の記載のある見積書，注文書その他これらに類する文書（課税物件表に掲げる文書に該当するものは除く）の名称，発行の日，記号，番号等の記載があることにより，当事者間においてその契約についての契約金額が明らかである場合又は計算をすることができる場合には，

その明らかである契約金額又は計算により算出された契約金額が記載金額となります（印通則4ホ㈡）。

【参考：第1号又は第2号に掲げる文書に係る記載金額の判定の法則】

　　［原則］　⇒　その文書に記載されている事項だけで判断する。

　　［例外］　⇒　他の文書を引用している場合は，他の文書の記載事項を加味して，その文書の記載金額を判断する。

　　［例外の例外（原則に戻る）］　⇒　引用する他の文書が課税文書の場合は，その課税文書の記載事項は加味せず，その文書に記載されている事項だけで判断する。

④　変更契約書に係る契約についての変更前の契約金額等の記載されている契約書が作成されていることが明らかであり，かつ，その変更契約書に変更金額（変更前の契約金額と変更後の契約金額の差額，すなわち契約金額の増減額）が記載されている場合（変更前の契約金額と変更後の契約金額の双方が記載されていることにより変更金額を明らかにできる場合を含みます）には，変更前の契約金額を増加させるものは，その増加額が記載金額となります（通則4ニ）。

「土地の売買契約」において，①「売買物件の単価以外の事項（面積など）を取り決める契約書」と，別途，②「単価のみを定める覚書」を作成した場合

（結論）

①の文書及び②の文書いずれも，記載金額のない不動産の譲渡に関する契約書（第1号の1文書）に該当し，印紙税額は，いずれも200円となります。

なお，全ての事項を記載し一つの文書で作成した場合は，その売買金額（面積に単価を乗じた金額）に応じた印紙税額が課税されます。

（ポイント）

②の文書に，①の文書を引用する文言の記載があったとしても，①の文書は課税文書であることから，①と②の文書をミックスして記載金額を判断することはしません。

②の文書単独では記載金額が計算できないので，②の文書の記載金額はないことになります。

《記載金額の判定方法》

【原則】⇒その文書に記載されている事項だけで判断する。

【例外】⇒他の文書を引用している場合は，他の文書の記載事項を加味して，その文書の記載金額を判断する。

【例外の例外（原則に戻る）】⇒引用する他の文書が課税文書の場合は，その課税文書の記載事項は加味せず，その文書に記載されている事項だけで判断する。

20 エレベーター保守管理業務委託契約書

当社はエレベーターの保守管理業務を営んでおり，主にオフィスビルの管理会社との間で，次のような契約を結び，ビルに設置されたエレベーターのメンテナンス作業等を実施しております。

この契約書については，月ごとの料金を定めていますが，これは契約金額そのものには当たらないものと判断しました。ただ，各月単位で業務委託するものなので，継続する保守業務についての契約であることから，第７号文書（継続的取引の基本となる契約書）にも該当するものと判断して，4,000円の印紙を貼付していました。

ところが，この度の印紙税調査において，契約金額（6,480,000円）が記載されている契約書に該当するので，印紙税額は１万円（不納付税額は6,000円）であるとの指摘を受けました。

エレベーター保守管理業務委託契約書

　株式会社Ｓ（以下「甲」という）と株式会社Ｃメンテナンス（以下「乙」という）とは，株式会社Ｓが所有する建物に設置されたエレベーターの保守管理業務について，次のとおり締結する。

1　業務委託対象建物の所在地，名称　　（３カ所あり・記載省略）
2　業務内容　１に記載の各建物に設置されたエレベーターの保守管理業務
3　契約料金　月額594,000円（内消費税等54,000円）
4　支払条件，支払期日　毎月末締め，毎翌月20日に乙口座へ振込
5　契約期間　Ｘ１年10月１日〜Ｘ２年９月30日。
　　　　　　　但し，甲，乙双方より別段の申し入れがない場合は，更に１年延長するものとし，以後の満了の際にも同様とする。

　　　Ｘ１年９月30日

甲	株式会社S
乙	株式会社Cメンテナンス

ADVICE

　この事例は，エレベーター保守管理業務を株式会社Cメンテナンスに委託する内容となっており，同保守業務は請負業務と認められますから，第2号文書（請負に関する契約書）に該当し，また同時に，継続する2以上のエレベーター保守管理業務について委託する契約ですので，第7号文書（継続的取引の基本となる契約書）にも該当することとなります。

　したがって，課税物件表の2以上の号に同時に該当する文書となりますから，印紙税額がいくらになるかの判断に当たっては，まずは，通則3による「所属の決定」を行う必要があります。

　なお，この事例のような，第2号文書と第7号文書のいずれに所属を決定するかの決め手は，文書に記載金額があるか否かがポイントとなります（通則3イ）。

　事例の文書では，月額料金540,000円（＝594,000円−消費税等54,000円）と契約期間（1年間・12月）が記載されていますから，年間の契約金額（＝記載金額）が算出できるものでした。

　そのため，算出した年間の契約金額6,480,000円（540,000円×12月）を記載金額とする第2号文書（請負に関する契約書）に所属決定し，対応した印紙税額とするべきでした。

解　説

1　月単位等で契約金額を定めている契約書の記載金額

　月単位等で契約金額を定めている契約書で，契約期間の記載のあるものはその月単位等での契約金額に契約期間の月数等を乗じて算出した金額が記載金額

となり，契約期間の記載のないものは記載金額がないものとなります（基通29）。

なお，契約期間の更新の定めがある契約書については，更新前の期間のみを記載金額算出の基礎とし，更新後の期間は考慮しないものとしています（基通29）。

2　CASE20「エレベーター保守管理業務委託契約書」の検討

事例20の「エレベーター保守管理業務委託契約書」においては，月単位等での契約金額（540,000円）が定められていて，契約期間（Ｘ１年10月１日～Ｘ２年９月30日）も定められていますから，月単位等での契約金額に契約期間の月数等を乗じて算出した金額が記載金額として取り扱われることになります。

3　契約期間の定めがない場合（期間の始期のみ定めがある場合等）の取扱い

上記のとおり，月単位等で契約金額を定めている契約書で，契約期間の記載のあるものは契約金額の算出が可能となりますが，例えば，事例の「エレベーター保守管理業務委託契約書」の「５　契約期間」の定めが「契約期間はＸ１年10月１日より効力が生じ，甲乙の一方が他方にあらかじめ３ヶ月前までに書面で解約の通知を行うまで継続するものとする。」となっている場合はどうでしょうか。

この場合には，月単位等で契約金額の適用となる契約期間がいつまでかが定かではない（契約期間の終期がない）ため，契約期間中の契約金額が算出できないこととなります。したがって，記載金額のない第２号文書と第７号文書とに同時に該当することとなり，結果的に第７号文書に所属が決定されることとなります（印紙税額は4,000円となります）。

 チェックポイント

①　契約金額が文書上で算出できる場合には，その算定金額を契約金額（＝記載金額）として扱うことになります。

②　月単位等で契約金額を定めている契約書で，契約期間の記載のあるものは

その月単位等での契約金額に契約期間の月数等を乗じて算出した金額が記載金額となります。

③　契約期間の定めがない場合は，月単位等で契約金額を定めている契約書であっても，記載金額の計算ができず，結果，記載金額のない契約書となります。

（P.151別表１「請負契約書などの月額単価変更契約書の記載金額の取扱い（増額変更の場合）」の事例の１〜３を参照）

④　第１号文書又は第２号文書と第７号文書に同時に該当する文書の所属決定は，次のとおり。

・その文書に記載金額がある場合（記載金額が計算できる場合を含む）

　　⇒第１号文書又は第２号文書に所属決定される（通則３イ）

・その文書に記載金額がない場合（記載金額が計算できない場合を含む）

　　⇒第７号文書に所属決定される（通則３イただし書）

コラム10　―基本契約書の分割作成による節税策（記載金額の取扱い）―

【例その１】
「清掃請負基本契約書」を作成するに当たり，①「月額単価以外の事項（１年間の契約期間。その後自動更新など。）を取り決める契約書」と，別途，②「50万円の月額単価のみを定める覚書」を作成した場合

（結論）①の文書及び②の文書いずれも，継続的取引の基本となる契約書（第７号文書）に該当し，印紙税額は，いずれも4,000円となります（①，②合計8,000円）。
　なお，全ての事項を記載し一つの文書で作成した場合は，その合計取引金額（契約期間に月額単価を乗じた金額。12月×50万円＝600万円）が記載金額となり，10,000円の印紙税が課税されますから，2,000円は節税が可能となります。

（例その１の記載金額の取扱いのポイント）
　②の文書に，①の文書を引用する文言の記載があったとしても，①の文書は課税文書であることから，①と②の文書をミックスして記載金額を判断することはしません。

---

②の文書単独では記載金額が計算できないので，②の文書の記載金額はないことになります。

【例その2】
「清掃請負基本契約書」を作成するに当たり，①「月額単価以外の事項（6か月の契約期間。その後自動更新など）を取り決める契約書」と，別途，②「50万円の月額単価のみを定める覚書」を作成した場合

（結論）①の文書及び②の文書いずれも，継続的取引の基本となる契約書（第7号文書）に該当し，印紙税額は，いずれも4,000円となります（①，②合計8,000円）。
　なお，全ての事項を記載し一つの文書で作成した場合は，その合計取引金額（契約期間に月額単価を乗じた金額。6か月×50万円＝300万円）が記載金額となり，1,000円の印紙税が課税されます。したがって，例その2のようなケース（記載金額が500万円以下となるケース）では，全ての事項を一枚の文書に記載して作成した方が，印紙税の負担は少なくなります。

（ポイント）
　②の文書に，①の文書を引用する文言の記載があったとしても，①の文書は課税文書であることから，①と②の文書をミックスして記載金額を判断することはしません。
　②の文書単独では記載金額が計算できないので，②の文書の記載金額はないことになります。

《記載金額の判定方法》

【原則】⇒その文書に記載されている事項だけで判断する。
【例外】⇒他の文書を引用している場合は，他の文書の記載事項を加味して，その文書の記載金額を判断する。
【例外の例外（原則に戻る）】⇒引用する他の文書が課税文書の場合は，その課税文書の記載事項は加味せず，その文書に記載されている事項だけで判断する。

エレベーター保守管理
業務委託契約変更覚書

　当社はエレベーターの保守管理業務を営んでおり，主にオフィスビルの管理会社との間で，契約を結び，ビルに設置されたエレベーターのメンテナンス作業等を行っており，その原契約書はP.139に記載のCASE20「エレベーター保守管理業務委託契約書」のとおりです。

　このほど，原契約書に定める契約期間の更新に当たり，次の変更覚書を作成しました。

　内容としては，保守管理業務を受託する対象建物が1カ所追加されたことから，月額料金を4カ所合計で月額720,000円（792,000円－消費税等72,000円）とすることとしており，原契約書で定めた月額540,000円（594,000円－消費税等54,000円）との差額となる月額料金180,000円（720,000円－540,000円）に更新後の契約期間（X2年10月1日～X3年9月30日）の1年（12月）を乗じた2,160,000円が契約金額（＝記載金額）となる第2号文書（請負に関する契約書）に該当するものと判断し，1,000円の印紙を貼付しておりました。

　ところが，印紙税の調査において，契約金額（＝記載金額）は月額720,000円に契約期間1年（12月）を乗じた8,640,000円になるので，印紙税額は1万円（不納付税額は9,000円）となるとの指摘を受けました。

エレベーター保守管理業務委託契約変更覚書

　株式会社S（以下「甲」という）と株式会社Cメンテナンス（以下「乙」という）とは，甲が所有する建物に設置されたエレベーターの保守管理業務について締結したX1年9月30日付のエレベーター保守管理業務委託契約書（以下「原契約書」という）に関して，次のとおり変更することについて確認する。

```
    1　業務委託対象建物の所在地，名称　（１カ所増加，４カ所・記載省略）
    2　契約料金　変更前　月額594,000円（内消費税等54,000円）
　　　　　　　　　変更後　月額792,000円（内消費税等72,000円）
    3　契約期間　Ｘ２年10月１日～Ｘ３年９月30日。
　　但し，甲，乙双方より別段の申し入れがない場合は，更に１年延長するものと
　し，以後の満了の際にも同様とする。
　　Ｘ２年９月30日
```

ADVICE

　このCASE21「エレベーター保守管理業務委託契約変更覚書」は，P.139の
CASE20の事例の文書を原契約書とするものであり，CASE20の事例の文書と
同様，エレベーター保守管理業務を委託する内容となっていますから，第２号
文書（請負に関する契約書）に該当するとともに，継続する２以上のエレベー
ター保守管理業務について委託する契約ですので，第７号文書（継続的取引の
基本となる契約書）にも該当するものです。

　したがって，CASE20でも説明したように，まず，通則３による「所属の決
定」を行う必要がありますが，第２号文書と第７号文書のいずれに所属を決定
するかの決め手は，文書に記載金額があるか否かとなります（通則３イ）。

　CASE21の事例の文書における記載金額についてみますと，月額料金720,000
円（＝792,000円－消費税等72,000円）の全額が変更後の月額契約金額となり，
また，契約期間は，原契約書における契約期間（Ｘ１年10月１日～Ｘ２年９月
30日）の更新後の契約期間（Ｘ２年10月１日～Ｘ３年９月30日の１年間）と
なりますので，月額料金720,000円×12により算出した年間契約金額8,640,000
円が契約金額（＝記載金額）となるものでした（月額料金の差額180,000円×12
月によって計算することはできないものでした）。

1　月単位等で契約金額を定めている契約書の記載金額

　CASE20でも説明したとおり，月単位等で契約金額を定めている契約書で，契約期間の記載のあるものはその月単位等の契約金額に契約期間の月数等を乗じて算出した金額が記載金額となり，契約期間の記載のないものは記載金額がないものとなります（基通29）。

　したがって，CASE21の事例の文書において，月単位等で契約金額が定められていて，契約期間も定められていれば，月単位等での契約金額に契約期間の月数等を乗じて算出した金額が記載金額として取り扱われることになります。

2　契約金額を変更する変更契約書の記載金額の取扱い

　契約金額を変更する変更契約書の記載金額については，次の(1)又は(2)の規定が適用されます（通則4ニ，基通30）。なお，次の(1)の取扱いを以下「特例規定」といいます。

(1)　その変更契約書に係る契約についての変更前の契約金額等の記載されている契約書が作成されていることが明らかであり，かつ，その変更契約書に変更金額（変更前の契約金額と変更後の契約金額の差額，すなわち契約金額の増減額）が記載されている場合（変更前の契約金額と変更後の契約金額の双方が記載されていることにより変更金額を明らかにできる場合を含みます）

　イ　変更前の契約金額を増加させるものは，その増加額が記載金額となります。

　ロ　変更前の契約金額を減少させるものは，記載金額のないものとなります。

　　(注)　「当該文書に係る契約についての変更前の契約金額等の記載のある文書が作成されていることが明らかであり」とは，契約金額等の変更の事実を証明する「変更契約書」に，変更前の契約金額等を証明した文書（原契約書）の名称，文書番号又は契約年月日等変更前契約書を特定できる事項の記載があること又は変更前契

約書（原契約書）と変更契約書とが一体として保管されていること等により，変更前契約書（原契約書）が作成されていることが明らかな場合をいいます。

(2)　上記(1)以外の変更契約書

　　イ　変更後の契約金額が記載されているもの（変更前の契約金額と変更金額の双方が記載されていることにより変更後の契約金額が計算できるものも含む）は，その変更後の契約金額が，その文書の記載金額となります。

　　ロ　変更金額だけが記載されているものは，その変更金額が，その文書の記載金額となります。

3　月単位等で契約金額を定めている契約書の契約金額の変更に係る具体的な取扱い

(1)　変更金額が原契約書における契約期間の更新後の期間の契約金額となる場合

　　CASE21「エレベーター保守管理業務委託契約変更覚書」を一見すると，上記2(1)の特例規定を適用できる要件「①変更前の契約金額等の記載のある文書（原契約書）が作成されていることが明らかであり，かつ，②変更契約書に変更金額が記載されている場合」に該当するとも考えられそうです。

　　しかし，結論からいうと，特例規定の適用はありません。上記2(1)の特例規定の適用要件の後段の「変更契約書に変更金額が記載されている場合」という要件を満たさないからです。

　　というのも，CASE21「エレベーター保守管理業務委託契約変更覚書」で定められる増額後の月額単価（72万円）は，「X2年10月1日～X3年9月30日」に適用されるとされていますから，原契約の更新後の新たな契約期間における月額単価となるものであって，更新後の契約期間内の各月に変更後の月額単価を適用するために，将来に向けて増額することを定めるものと評価されます。

　　つまり，原契約書の契約期間「X1年10月1日～X2年9月30日」に適用される契約金額を変更するものではないので，「変更契約書に変更金額が記載

147

されている場合」とはいえないということになります。

　換言すれば，原契約書の契約期間内における契約金額を変更するものでなければ，上記2(1)の特例規定は適用できないということになります。

　したがって，CASE21「エレベーター保守管理業務委託契約変更覚書」には，特例規定の適用はなく，「月額単価72万円」×「12月」で算出した金額8,640,000円が契約金額（＝記載金額）となるわけです。

【参考】

　　　月単位等で契約金額を定めている場合の変更金額に係る具体的な取扱いについては，P.151の別表1「請負契約書などの月額単価変更契約書の記載金額の取扱い（増額変更の場合）」を参照。

　　　なお，CASE21の覚書はP.152の別表1の事例6のケースに当たるものです。

(2)　変更金額が原契約書における契約期間と更新後の期間とにまたがる期間の契約金額となる場合

　例えば，CASE21の覚書において，「3　契約期間　X2年1月1日～X2年12月31日」とされており，原契約書の契約期間の途中から更新の定めの適用による更新後の契約期間にまたがる期間について，変更金額が適用となるような場合の記載金額はどのように取り扱われることとなるのでしょうか。

　この場合には，次のイとロの合計金額3,780,000円（1,620,000円＋2,160,000円）が記載金額として取り扱われることとなります。

イ　原契約書の契約期間内の期間（X2年1月1日～X2年9月30日）に係る部分

　　月額料金の差額180,000円（720,000円－540,000円）×9月＝1,620,000円

ロ　原契約書の更新の定めの適用による更新後の契約期間（X2年10月1日～X2年12月31日）に係る部分

　　変更後月額料金720,000円×3月＝2,160,000円

【参考】

　　　この(2)のケースはP.152の別表1の事例5のケースに当たるものです。

(3)　変更金額が原契約書における契約期間内の契約期間における契約金額となる場合

　例えば，CASE21の覚書において，「3　契約期間　Ｘ１年７月１日～Ｘ１年12月31日」とされており，原契約書の契約期間内の途中から原契約書の契約期間の終了日（又は途中の日）までの期間とされていて，その期間について，変更金額が適用となるような場合の記載金額はどのように取り扱われることとなるのでしょうか。

　この場合には，次のとおり取り扱われます。

　イ　原契約書の月額料金を増額するものである場合

　月額料金の差額180,000円（720,000円－540,000円）×６月（Ｘ１年７月１日～Ｘ１年12月31日）＝1,080,000円が記載金額となります。

　【参考】

　　この(3)イのケースはP.151の別表１の事例４のケースに当たるものです。

　ロ　原契約書の月額料金を減額するものである場合

　例えば，原契約書の契約期間内となるＸ１年７月１日～Ｘ１年12月31日の期間は，業務委託対象建物が１カ所減少して２カ所となり，変更後月額料金が396,000円（内消費税等36,000円）となったとします。

　この場合には，月額料金の差額△180,000円（540,000円－360,000円）となることから，記載金額のない契約書に該当するものと勘違いされがちですが，減額後の月額料金396,000円（内消費税等36,000円）が記載されており，その適用期間（Ｘ１年７月１日～Ｘ１年12月31日）が記載されているので，360,000円×６月＝2,160,000円がこの変更覚書の契約金額となります。

　したがって，記載金額のある第２号文書（請負に関する契約書）と第7号文書（継続的取引の基本となる契約書）とに同時に該当し，通則３のイの規定により，第２号文書（請負に関する契約書）に所属が決定されます。

　その上で，さらに，上記２(1)に記載のとおり，通則４の２の特例規定の適用があるので，結果として，記載金額のない第２号文書（請負に関する

契約書）に該当し，200円の印紙税負担となります。

【参考】

　月額料金を減額変更する場合の記載金額の取扱いについては，P.153の別表2「請負契約書などの月額単価変更契約書の記載金額の取扱い（減額変更の場合）」を参照してください。なお，このロのケースは，P.153の別表2の事例4のケースに当たるものです。

チェックポイント

① 契約金額が文書上算出できる場合には，その算出金額を契約金額（＝記載金額）として扱うことになります。

② 月単位等で契約金額を定めている契約書で，契約期間の記載のあるものはその月単位等での契約金額に契約期間の月数等を乗じて算出した金額が記載金額となります。

③ 第1号文書又は第2号文書と第7号文書に同時に該当する文書の所属決定は，次のとおりです。

・その文書に記載金額がある場合（記載金額が計算できる場合を含む）

　⇒第1号文書又は第2号文書に所属決定されます（通則3イ）

・その文書に記載金額がない場合（記載金額が計算できない場合を含む）

　⇒第7号文書に所属決定されます（通則3イただし書）

④ 契約金額を変更する変更契約書の記載金額には，特例規定（通則4ニ，基通30）の適用ができますが，月単位等で契約金額を定めている契約書の場合には，原契約書の適用がある契約期間内の月額単価の変更か，更新後の契約期間内の月額単価の変更かによって，取扱いに違いが生じてくるので，留意が必要です。

〔別表1〕　請負契約書などの月額単価変更契約書の記載金額の取扱い

　　　　　（増額変更の場合）

	事例	取扱い
原契約	本エレベーター保守契約の契約期間は，Ｘ1年4月1日からＸ2年3月31日までとし，双方異議がない場合は，更に1年延長することとし，その後もこれによるものとする。 　なお，保守料金は月額100万円とする。	記載金額1,200万円（100万円×12月）の請負に関する契約書（第2号文書）となる。
1	「原契約書の契約単価をＸ1年10月1日以降月額120万円とする。」ことを内容とする覚書（契約書）	請負に関する契約書（第2号文書）と継続的取引の基本となる契約書（第7号文書）とに該当し，当該契約書に契約期間が記載されておらず，当該契約書上契約金額を計算できないことから，通則3のイのただし書きにより継続的取引の基本となる契約書（第7号文書）となる。
2	「原契約書の契約単価をＸ2年4月1日以降月額120万円とする。」ことを内容とする覚書（契約書）	
3	「原契約書の契約単価をＸ2年10月1日以降月額120万円とする。」ことを内容とする覚書（契約書）	
4	「原契約書の契約単価月額100万円をＸ1年10月1日からＸ2年3月31日まで月額120万円とする。」ことを内容とする覚書（契約書）	契約金額（＝記載金額）が計算できることから，通則4の二の規定により，記載金額120万円〔（120万円－100万円）×6月〕の請負に関する契約書（第2号文書）となる。 (注)　Ｘ1年10月1日からＸ2年3月31日までの間（原契約書の契約期間内の6月間）に係る変更契約書となる。

5	「原契約書の契約単価月額100万円をX1年10月1日からX2年9月30日まで月額120万円とする。」ことを内容とする覚書（契約書）	変更金額（＝記載金額）が計算できることから，通則4の二の規定により，記載金額840万円（120万円×12月－100万円×6月）の請負に関する契約書（第2号文書）となる。 ㊟　X1年10月1日からX2年9月30日までの間（原契約書の契約期間内の6月間と更新後の契約期間内の6月間）に係る変更契約書となる。
6	「原契約書の契約単価月額100万円をX2年4月1日からX3年3月31日まで月額120万円とする。」ことを内容とする覚書（契約書）	通則4の二の適用要件である「当該文書に係る契約についての変更前の契約金額の記載のある文書」がないことから，通則4の二の規定は適用されない。 したがって，いずれも契約金額（＝記載金額）1,440万円（120万円×12月）の請負に関する契約書（第2号文書）となる。
7	「原契約書の契約単価月額100万円をX3年4月1日からX4年3月31日まで月額120万円とする。」ことを内容とする覚書（契約書）	

〔別表２〕　請負契約書などの月額単価変更契約書の記載金額の取扱い

　　　　　　（減額変更の場合）

	事例	取扱い
原契約	本エレベーター保守契約の契約期間は，Ｘ１年４月１日からＸ２年３月３１日までとし，双方異議がない場合は，更に１年延長することとし，その後もこれによるものとする。 　なお，保守料金は月額１００万円とする。	記載金額１,２００万円（１００万円×１２月）の請負に関する契約書（第２号文書）となる。
1	「原契約書の契約単価をＸ１年１０月１日以降月額９０万円とする。」ことを内容とする覚書（契約書）	請負に関する契約書（第２号文書）と継続的取引の基本となる契約書（第７号文書）とに該当し，当該契約書に契約期間が記載されておらず，当該契約書上契約金額を計算できないことから，通則３のイのただし書きにより継続的取引の基本となる契約書（第７号文書）となる。
2	「原契約書の契約単価をＸ２年４月１日以降月額９０万円とする。」ことを内容とする覚書（契約書）	
3	「原契約書の契約単価をＸ２年１０月１日以降月額９０万円とする。」ことを内容とする覚書（契約書）	
4	「原契約書の契約単価月額１００万円をＸ１年１０月１日からＸ２年３月３１日まで月額９０万円とする。」ことを内容とする覚書（契約書）	減額後の契約金額５４０万円（９０万円×６月）が計算できるものの，減額の変更金額（▲１０万円×６月＝▲６０万円）が明らかであるため，通則４のニの規定により，記載金額のない請負に関する契約書（第２号文書）となる。 ㊟　Ｘ１年１０月１日からＸ２年３月３１日までの間（原契約書の契約期間内の６月間）に係る変更契約書となる。

5	「原契約書の契約単価月額100万円をX1年10月1日からX2年9月30日まで月額90万円とする。」ことを内容とする覚書（契約書）	減額後の変更金額（＝記載金額）が計算できることから，通則4の二の規定により，記載金額540万円（90万円×6月）の請負に関する契約書（第2号文書）となる。 (注) X1年10月1日からX2年9月30日までの間（原契約書の契約期間内の6月間と更新後の契約期間内の6月間）に係る変更契約書となり，原契約書の契約期間内（X1年10月1日からX2年3月31日まで）の6月間の記載金額はないこととなる。
6	「原契約書の契約単価月額100万円をX2年4月1日からX3年3月31日まで月額90万円とする。」ことを内容とする覚書（契約書）	通則4の二の適用要件である「当該文書に係る契約についての変更前の契約金額の記載のある文書」がないことから，通則4の二の規定は適用されない。 　したがって，いずれも契約金額（＝記載金額）1,080万円（90万円×12月）の請負に関する契約書（第2号文書）となる。
7	「原契約書の契約単価月額100万円をX3年4月1日からX4年3月31日まで月額90万円とする。」ことを内容とする覚書（契約書）	

CASE 22 保守管理条項のある LEDビジョン広告塔 掲出場所賃貸借契約書

　当社はビルの所有管理を行っていますが，LEDビジョン広告塔の設置希望がある企業に対して，ビルの屋上の空いたスペースを貸し付ける場合があり，その際には，次のような賃貸借契約書を結んでいます。

　この契約書については，建物の賃貸借に係る使用料を定める契約であるため不課税文書としていたところ，税務調査において，「4　保守管理」の条項は第2号文書（請負に関する契約書）の課税事項となるものであり，また，「3　使用料」に記載の全額300万円が記載金額となることから，1,000円の印紙税額になるとの指摘を受けました。

LEDビジョン広告塔掲出場所賃貸借契約書

　●●株式会社（以下「甲」という）と株式会社△△ビル（以下「乙」という）とは，乙所有ビルの屋上の一角を，甲のLEDビジョン広告塔掲出場所として使用するため，次の通り契約を締結する。

記

1　対象物件　　所在地○○市△△町1−2−3　　KHビル屋上
2　使用期間　　x1年4月1日〜x3年3月31日
3　使用料・支払方法
　　甲は乙に使用料3,000,000円をx1年○月○日までに支払うものとする。
4　保守管理
　　乙は，使用期間中，設置されたLEDビジョン広告塔の保守管理を行うものとする。なお，保守管理料は前条の使用料に含む。

　CASE22の事例の契約書は建物の賃貸借契約が主体となるものですが，建物に設置される構築物（LEDビジョン広告塔）の保守管理条項がありますから，第2号文書（請負に関する契約書）の課税事項が記載されているものとなり，課税文書と判定されるものです。

　そして，その記載金額は請負金額となりますが，CASE22の事例の場合「4　保守管理」条項で，保守管理料が賃貸物件の使用料の中に含まれていることが明記されていますから，「3　使用料」に記載の金額の内容を区分することができない場合には，その総額が記載金額として取り扱われます。

　したがって，事例の場合は，賃貸物件の使用料と保守管理料とを区分して記載することで印紙税負担を少なくすることが可能でした。

　例えば，使用料3,000,000のうち1,000,000円が保守管理料であったとすれば，印紙税負担はこの1,000,000円に対する税率の200円で済んでいたものです。

解 説

1　請負に関する契約書とは

　「請負」とは，当事者の一方（請負者）がある仕事の完成を約し，相手方（注文者）がその仕事の結果に対して報酬を支払うことを内容とする契約をいい，民法第632条《請負》に規定する「請負」のことをいいます。

　この「請負」は，完成された仕事の結果を目的とする点に特質があり，仕事が完成されるならば，下請負に出してもよく，その仕事を完成させなければ，債務不履行責任を負うような契約です。

　民法では，典型契約として請負契約を規定していますが，実際の取引においては各種変形したいわゆる「混合契約」といわれるものが多く，印紙税法上どの契約としてとらえるべきものであるか判定の困難なものが多く見受けられる

ところですが，印紙税法では，通則2において，「一の文書で1若しくは2以上の号に掲げる事項とその他の事項が併記又は混合記載されているものは，それぞれの号に該当する文書とする」と規定されています。

したがって，記載事項の一部であっても請負の事項が併記された契約書又は請負とその他の事項が混然一体として記載された契約書は，印紙税法上の第2号文書（請負に関する契約書）に該当することになります。

請負の目的物には，家屋の建築，道路の建設，橋りょうの架設，洋服の仕立て，船舶の建造，車両及び機械の製作，機械の修理のような有形もののほか，シナリオの作成，音楽の演奏，舞台への出演，講演，機械の保守，建物の清掃のような無形のものも含まれます。

2　記載金額の取扱い（区分記載の有無による取扱い）

1通の文書に，課税物件表の同一の号の課税事項の記載金額が2以上ある場合には，合計額が記載金額となります（通則4イ）

また，1通の文書に，課税物件表の2以上の号の課税事項が記載されている場合には，次の区分によって計算します（通則4ロ）。

イ　2以上の号の記載金額が，それぞれ区分して記載されている場合には所属することになる号の記載金額となります（通則4ロ㈠）。

ロ　2以上の号の記載金額が，区分して記載されていない場合には，その金額が記載金額となります（通則4ロ）。

なお，1通の文書に，印紙税の不課税事項に係る記載金額と，課税事項に係る記載金額とが記載されている場合も，このイ又はロと同様の取扱いとなります。

したがって，不課税事項に係る記載金額と課税事項に係る記載金額とが区分して記載されていない場合には，その総額が課税事項に係る記載金額として取り扱われることとなりますから，留意が必要です（P.55の「コラム8　―不課税契約と課税契約とが混合記載された契約における記載金額―」参照）。

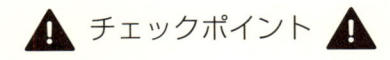 チェックポイント

① 記載金額が区分記載されているか否かにより，記載金額の取扱いが異なります。

② 一の文書に課税物件表の2以上の号の課税事項が記載されている場合は，それぞれの号に係る記載金額を区分記載するようにします。

③ 一の文書に課税物件表に掲げられていない事項（不課税事項）と課税物件表に掲げられている号の課税事項が記載されている場合も，①と②の取扱いがあることに留意が必要です。

23 建物設計及び 建築請負契約書 （軽減税率の適用誤り）

　当社は不動産会社ですが，貸しビルの建設を乙建設に依頼するため，次のような請負契約書を取り交わしましたが，建築請負部分には軽減税率が適用になると聞いていたので，建築請負金額10億円に対応する16万円（軽減税率）と設計図書の製作部分5,000万円に対応する2万円（標準税率）の合計18万円相当の印紙を貼付して納付していました。ところが，税務調査では，双方の合計額である10億5,000万円（10億円＋5,000万円）に対して，36万円（軽減税率）が適用となるため，15万円が不納付となっているとの指摘を受けました。

建物設計及び建築請負契約書

　甲不動産株式会社は乙建設株式会社に対し，次に記載のビルディングの建築に必要な設計図書の作成及び同設計図書に基づく同ビルディングの建設工事を注文し，乙はこれを完成することを約した。

　　所在地　　○○市○○区○○○○　　○○ビル　　10階建1棟

第1条　請負代金は設計図書の作成について金5,000万円，建築請負について金10億円（いずれも消費税等の額を除く。）とする。

第2条　乙は本契約締結の日から○日以内に甲に設計図書を提出して，承認を受けるとともに，甲と協力して建築確認の手続きを行う。

2　乙は甲が建築確認通知書を受領した時から○日以内に建築工事に着手し，工事着手の日から○日以内にこれを完成し，完成の日から○日以内に甲に引き渡すものとする。

第3条　建物の敷地は甲において提供し，建築工事に要する一切の材料及び労力は乙が提供する。

（以下省略）

建築請負契約書は第2号文書（請負に関する契約書）に該当し，軽減税率が適用となります。

また，建物の設計請負契約書も第2号文書（請負に関する契約書）に該当しますが，建設工事の請負契約書に該当しないため，軽減税率の適用とはならないものです（租特法91）。

ただし，双方とも第2号文書（請負に関する契約書）の課税事項に該当しますから，建設工事の請負に関する契約書に，建設工事以外の請負に関する事項が併記されたものは，合計した契約金額に応じて，適用される税率を判断する必要があります（租特法通達第5章，第2節の3「税率軽減措置の対象となる契約書の範囲」(1)のロの取扱い）。

このため，契約金額（＝記載金額）がいくらになり，適用される税率がいくらになるのかを慎重に判断すべきでした。

なお，貴社が対応したように，全体で18万円の印紙税負担とするためには，建設工事に係る契約書と設計図書の作成に係る契約書とを，それぞれ別々に作成すればよいことになります。そうすることで，契約金額10億円の建築請負契約書は軽減税率16万円が適用となり，契約金額5,000万円の建物設計の部分は，軽減税率は適用されませんが，2万円の標準税率が適用され，合計で18万円とすることができるわけです。

解 説

1 税率の軽減措置

平成26年4月から令和2年3月31日までの間に作成される不動産譲渡契約書及び建設工事請負契約書のうち，前者は10万円超，後者は100万円超の契約金額のものは，20%〜50%の印紙税が軽減されています（租特法91）。

(1)　不動産の譲渡に関する契約書（第1号の1文書）

　　土地や建物などの不動産の譲渡（売買，交換など）に関する契約書に限られます。

　　したがって，第1号の1文書となるものであっても，鉱業権，無体財産権，船舶若しくは航空機又は営業の譲渡に関する契約書は，軽減税率の適用はありません。

　　同様に1号文書であっても，地上権又は土地の賃借権の譲渡に関する契約書（第1号の2文書），消費貸借に関する契約書（第1号の3文書）及び運送に関する契約書（第1号の4文書）も軽減税率の適用はありません。

(2)　建設業法第2条第1項に規定する建設工事の請負に係る契約に基づき作成される請負に関する契約書（第2号文書）

　　軽減措置の対象となる「建設工事請負契約書」とは，建設業法2条に規定する建設工事の請負契約書ですが，ここでいう「建設工事」とは，土木建築に関する工事の全般をいいます（建設業法2①，同法別表）が，建設工事に該当しない建物の設計や，建設機械の保守，船舶の建造，家具の制作などは，軽減措置の対象にはなりません。

　　なお，建設工事の請負に係る契約に基づき作成される契約書であれば，その契約書に建設工事以外の請負に係る事項，例えば，建物の設計に係る事項が併記されていても，その合計額が軽減税率の対象となります（通則4イ）。

2　CASE23「建物設計及び請負契約書」の検討

　CASE23「建物設計及び建築請負契約書」の場合は，ADVICEにも書きましたが，別々に文書を作成した方が印紙税の負担は少なくなります。

　すなわち，契約金額10億円の建築請負の部分は，軽減税率が適用され，印紙税額は16万円，契約金額5,000万円の建物設計の部分は，軽減税率は適用されませんが，印紙税額は2万円，合計18万円となります。

　これは，第2号文書の税率が，階級定額税率となっているからであり，2以

上の課税事項を約定する場合は，文書を分割した方が有利になるケースもあります。

　階級定額税率が適用される他の課税文書（第1号文書など）についても，基本的には，同様のことがいえます。

チェックポイント

① 「不動産の譲渡契約書」及び「建設工事の請負契約書」には軽減税率の適用があります。

② 「不動産の譲渡契約書」は第1号文書であり，同じ文書の中に「不動産の譲渡」以外の第1号文書の他の課税事項（例えば，土地の賃借権の設定・譲渡，建物の譲渡，消費貸借，運送契約など）が記載されている場合であって，それぞれの契約金額が区分記載されている場合は，区分記載されている契約金額の合計額について，軽減税率の適用があります（通則4のイ，租特法通達第5章第2節3）。

③ ②と同様に，「建設工事の請負契約書」は第2号文書であり，同じ文書の中に「建設工事の請負」以外の第2号文書の他の課税事項（例えば，建物の設計，建設機械の保守，船舶の建造，家具の制作など）が記載されている場合であって，それぞれの契約金額が区分記載されている場合には，区分記載されている契約金額の合計額について，軽減税率の適用があります（通則4のイ，租特法通達第5章第2節3）。

④ 第1号文書及び第2号文書の税率は，記載金額に応じて課税される階級定額税率となっています。したがって，②又は③のケースにおいては，トータルの金額で軽減税率を適用した方が一見有利と考えられます。しかしながら，記載金額によっては，文書を分割して，すなわち一方は軽減税率を，片方は標準税率を適用した方が，結果として税負担が軽くなることもあり得ます。

見積書等を引用した注文書
（単価と数量により記載金額が計算できる場合）

　当社は金属部品の製造メーカーですが，部品材料の製造を甲株式会社に委託しており，同社からの見積書の提供を受け，次のような注文書を作成しています。

　甲株式会社からは，請書等の交付を受けておらず，この注文書により事実上，外注加工作業が行われている実態にありますが，このほど，税務調査において，この注文書が請負契約書に該当するとのことで，また，記載金額が，見積書に記載されていた「加工数量2,000個」とこの注文書に記載のある「加工料単価；＠1,500円」により算出できる3,000,000円となるので，印紙税額が1,000円になるとの指摘を受けました。

No. 0876

注　　文　　書

x 1 年 3 月 27 日

甲 株 式 会 社　　御 中

乙 株 式 会 社　　印

貴見積書（x 1 年 3 月 20 日付第687号）に基づき，下記のとおり注文いたします。
受渡期日；x 1 年 6 月 30 日　　　　受渡場所；○○工場
代金支払期日；x 1 年 8 月 31 日
金属材料加工料単価；＠1,500円　　　　加工数量；貴見積書記載のとおり

ADVICE

　表題が「注文書」とあるので，通常は契約書に該当しないのですが，相手方から受領した見積書を引用の上で作成される注文書については，契約書として

取り扱われるケースがありますから，チェックしておくべきでした。

　また，記載金額については，単価と数量によって計算できる場合は，算出された金額を記載金額とする取扱いがありますから，請負に関する文書を作成する際には，これについてもチェックしておく必要がありました。

　なお，契約の相手方当事者が別に請書等契約の成立を証明する文書を作成することが記載されているものは契約書として取り扱われるケースから除かれますから，外注先から請書等の交付を受けるよう改めることも考慮する必要があります。

解　説

1　申込書，注文書，依頼書等と表示された文書の取扱い

　契約とは，申込みと承諾によって成立するものですから，契約の申込事実を記載した申込書，注文書，依頼書などは，通常，課税対象にはなりません。

　しかし，たとえ，これらの標題を用いている文書であっても，その記載内容によっては，契約の成立等を証する文書，すなわち，契約書になるものがあります。

　契約の成立等を証する文書かどうかは，文書の記載文言等その文書上から客観的に判断するというのが印紙税の基本的な取扱いですから，申込書等と表示された文書が契約の成立等を証明する目的で作成されたものであるかどうかの判断も，基本的にその文書上から行うことになります（基通2，3）。

　このような契約の成立等を証明する目的で作成される文書は当然に契約書に該当するのですが，実務上，申込書等と表示された文書が契約書に該当するかどうかの判断はなかなか難しいことから，一般的に契約書に該当するものを次のように例示しています（基通21）。

　　イ　契約当事者の間の基本契約書，規約又は約款等に基づく申込みであることが記載されていて，一方の申込みにより自動的に契約が成立することとなっている場合における当該申込書等（基通21②一）。

ロ　見積書その他の契約の相手方当事者の作成した文書等に基づく申込みで
あることが記載されている当該申込書等（基通21②二）。

ただし，イ又はロに該当する文書であっても，契約の相手方当事者が別に請
書等契約の成立を証明する文書を作成することが記載されているものは除かれ
ます（イの申込書等のように一方の申込みにより自動的に契約が成立する申込
書等であっても，それに対して相手方当事者がさらに請書等を作成することと
しているものは，契約書には当たらないことに取り扱われます）。

なお，後日請書等を作成している実態にあったとしても，申込書等の文書上
に，さらに請書等を作成する旨が記載されていることが必要であり，請書等を
作成する旨が記載されていないときは，申込書等も契約書として，また，請書
等も契約書として課税されます。

2　記載金額の取扱い

文書に記載された単価，数量，記号その他により，記載金額を計算すること
ができる場合には，計算により算出した金額が記載金額となります（通則4ホ
(一)）。

例えば，工事請負注文請書に，「請負金額は貴注文書第○号のとおりとする。」
とする工事請負に関する注文請書で，「注文書第○号」に記載されている請負金
額が500万円である場合の記載金額は500万円となります。

また，第1号文書あるいは第2号文書に，その文書に係る契約についての契
約金額又は単価，数量，記号その他の記載のある見積書，注文書その他これら
に類する文書（課税物件表に掲げる文書に該当するものは除く）の名称，発行
の日，記号，番号等の記載があることにより，当事者間においてその契約につ
いての契約金額が明らかである場合又は計算をすることができる場合には，そ
の明らかである契約金額又は計算により算出された契約金額が記載金額となり
ます（通則4ホ(二)）。

3 CASE24「注文書」の検討

CASE24「注文書」は、上記1のロに該当する注文書となるものですから、契約書に該当するものとして取り扱われます。

その上で、この注文書（契約書）が課税文書に該当するか否かは、課税事項が記載されている否かによりますが、CASE24の注文書（契約書）には、金属部品材料の製造加工を発注する内容が記載されていますから、請負に関する契約書（第2号文書）に該当します。

そして、記載金額があるか否かをみると、この注文書（契約書）の中に、「金属材料加工料単価；＠1,500円」と「加工数量；貴見積書記載のとおり」と記載されており、この注文書（契約書）が第2号文書に該当しますから、上記2の取扱いが適用され、結果として契約金額の算出が可能となりますので、「加工数量2,000個」×「加工料単価；＠1,500円」により算出した3,000,000円が記載金額となるわけです。

チェックポイント

① 申込書、注文書、依頼書等と表示された文書であっても、契約書として取り扱われる場合があります。

② 文書に記載された単価、数量、記号その他により、記載金額を計算することができる場合には、計算により算出した金額が記載金額とされるケースがあります。

③ 特に、第1号文書（不動産の譲渡契約、土地の賃借権の設定又は譲渡契約、消費貸借契約、運送契約など）や、第2号文書（請負に関する契約）については、作成しようとしている文書(a)において引用する文書(b)が課税文書に該当しない場合には、その引用する文書(b)に記載されている記載金額の算出要素となる事項（単価、数量など）が、作成しようとする文書(a)に記載されているものとして取り扱われる場合があります。

【参考：第1号又は第2号に掲げる文書に係る記載金額の判定の法則】

　［原則］　　⇒　　その文書に記載されている事項だけで判断する。

　［例外］　　⇒　　他の文書を引用している場合は，他の文書の記載事項を加

　　味して，その文書の記載金額を判断する。

　［例外の例外（原則に戻る）］　　⇒　　引用する他の文書が課税文書の場合は，

　　その課税文書の記載事項は加味せず，その文書に記載されている事項だ

　　けで判断する。

領収書の記載金額
（請求書番号記載）

　当社（A㈱）は事務用品の卸売業を営んでいますが，継続して取引している得意先に対する売掛金を毎月一定の日に受け取っており，その際には次のような領収書を作成交付しています。

　この領収書には，請求書番号を記載して具体的な受取金額は記載していないことから，記載金額のない金銭の受取書として200円の印紙を貼付していましたが，税務調査において，請求書記載の金額5,600,000円が記載金額となるので，印紙税額は2,000円となる（不納付税額1,800円）との指摘を受けました。

領　収　書

H株式会社　殿
　　　　　売上代金正に受け取りました。
　　　　　　　ただし，請求書番号　TA56783　記載の金額
　　　　　　　　　　　X1年3月31日　　　A株式会社　　　㊞

ADVICE

　事例の領収書には，具体的な売上代金となる数値の記載はないのですが，請求書番号の記載がされていて，当事者間ではその番号の請求書をみれば売上代金の額が明らかとなりますから，その金額がこの領収書に記載されているものとして取り扱われることになります。

　したがって，請求書記載の金額に対応する税額の収入印紙を貼付する必要がありました。

解 説

1　他の文書に記載のある金額を引用する場合の受取書の取扱い

　売上代金として受け取る金銭又は有価証券の受取書に，その売上代金に係る受取金額の記載がある支払通知書，請求書その他これらに類する文書の名称，発行の日，記号，番号その他の記載があることにより，当事者間においてその受取金額が明らかとなる場合には，その明らかとなる受取金額が記載金額となります（通則4ホ(3)，基通24九）。

2　売上代金の受取書として取り扱われる場合

　受取金額の全部又は一部が売上代金であるかどうかが，受取書の記載事項から明らかにされていない受取書は，売上代金に係る受取書とみなされます（法別表第一課税物件表第17号文書の定義欄1のイ）。

　なお，売上代金以外の受取書であるという事実が他の書類等により証明できる場合であっても，その受取書に記載された内容によって，売上代金以外の受取りであることが明らかにならなければ，売上代金の受取書として取り扱われます。

3　CASE25「領収書」の検討

　事例の領収書に記載された文言をみますと，「売上代金正に受け取りました。ただし，請求書番号　TA56783　記載の金額」とされていますから，当事者間において取引に伴って作成された請求書が特定できる番号の記載があり，これにより取引金額（受取金額）も明らかにすることができますので，その明らかとなる金額（請求書記載の金額）が，この領収書にも記載されているものとされ，受領事実を証明する金額として取り扱われることとなります。

⚠ チェックポイント ⚠

① 請求書などの他の文書に記載のある金額を引用する場合の受取書の記載金額は，その他の文書に記載のある金額とされます。

② 請求書などの他の文書に記載のある金額が売上代金である場合，他の文書を引用している受取書は，第17号の1文書（売上代金に係る金銭又は有価証券の受取書）に該当することとなります。

CASE

26 受取書の記載金額
（売上代金とその他の金額の区分記載あり）

　当社は金融業を営んでおり，金銭の借用者から，借用期間満了時に貸付金の返金があった場合には，次のような受取書を作成し，交付しています。

　この受取書では，元本と利息の明細を示していますので，課税文書（第17号文書）になるものと認識していますが，利息部分が「売上代金」となり，その金額が5万円未満となることから，非課税文書に該当するものとして印紙の貼付はしていなかったのですが，税務調査において，2,040,000円が記載金額となり，利息金額40,000円に対応する200円の印紙貼付が必要との指摘を受けました。

受 取 書

○○　三郎　殿

一　金　2,040,000　円　也

　　　　ただし　貸付金元本　2,000,000　円
　　　　　　　　利 息 金 額　　　40,000　円

X2年7月30日

　　　　　　　　□□株式会社　　　㊞

ADVICE

　事例の受取書は，貸付金200万円とその利息4万円を合わせて受け取ったことを証する目的で作成されるものですから，売上代金（貸付金に対する対価である利息4万円）と売上代金以外の金銭（貸付金元本200万円）の受取書に該当します。

このように，売上代金とそれ以外の金銭を同時に受け取った場合で，それらの金額が区分して記載されている場合は，その合計金額により，5万円未満非課税に該当するかどうかを判定する必要がありました。

解　説

1　売上代金とは

　印紙税法に規定する「売上代金」とは，資産を譲渡し若しくは使用させること又は役務を提供すること（以下「資産の譲渡等」といいます）による対価をいいます。

　売上代金に該当するか，しないかのポイントは，売上代金は資産の譲渡等の対価をいうのですから「対価性」を有するか，有しないかによってその判定を行うということです。

　一般に「対価」というのは，何らかの給付があって，これに対する反対給付の価格ということですから，おおよそ，その契約体系は有償，双務契約ということができます。

　そこで，印紙税法に規定する「売上代金」についてまとめると，次のようになります（法別表第一課税物件表第17号文書の定義欄1）。

(1)　資産を譲渡することによる対価

　　資産は，有形，無形を問いませんから，商品，備品等の流動資産，固定資産，無体財産権その他の資産を譲渡する場合の対価がこれに該当します。

　　(例)

　　イ　商品の売上代金（売掛金の回収を含みます）

　　ロ　資産の売却代金（未収金の回収を含みます）

　　ハ　手形割引の代金（手形の割引は，手形という有価証券を他人に譲渡し，対価として金銭等を受領するので，有価証券の売買に該当します）

　　ニ　無体財産権（特許権，実用新案権，商標権等）の譲渡代金

　　ホ　債権（電話加入権，売掛金等）の譲渡代金

(2)　資産を使用させることによる対価

　　不動産，動産，無体財産権その他の権利を他人に使用させることの対価をいいます。

(例)

　イ　土地，建物等不動産の賃貸料

　ロ　建設機械，自動車，事務機器等のリース料

　ハ　貸付金の利息

　ニ　貸倉庫料，貸金庫使用料

　ホ　特許権等の無体財産権の使用料

　ヘ　土地や建物の賃貸契約に伴う権利金

(3)　役務を提供することによる対価

　　請負契約，運送契約，委任契約，寄託契約などのように，労務，便益，その他のサービスを提供することの対価をいいます。

(例)

　イ　請負契約の対価（工事請負代金，修繕費，宿泊料，出演料，広告料等）

　ロ　運送契約の対価（運送料等）

　ハ　委任契約の対価（委任報酬，情報の提供料等）

　ニ　寄託契約の対価（保管料等）

　ホ　その他（仲介料，技術援助料等）

(4)　また，①受託者が委託者に代わって売上代金を受領する場合の受取書，②①の委託者が①の受託者から売上代金を受領する場合の受取書，③受託者が委託者に代わって支払う売上代金を委託者から受領する場合の受取書は，いずれも売上代金に係る金銭の受取書（17号の1文書）に該当するとされています（法別表第一課税物件表第17号文書定義欄1のロ，ハ，ニ）。

2　売上代金とその他の金額との受取書で，売上代金の領収書となるものの取扱い

　次のような受取書は，売上代金の受取書（第17号の1文書）として取り扱わ

れることになり，記載金額に応じた階級定額税率が適用されます（法別表第一
課税物件表第17号文書の定義欄1のイ）。

(1) 受取金額の一部に売上代金を含む受取書

　イ　受取書の記載金額を売上代金に係る金額とその他の金額とに区分するこ
　　とができるものは，売上代金に係る金額がその受取書の記載金額になりま
　　す（通則4のハ(1)）。

　ロ　受取書の記載金額が売上代金に係る金額とその他の金額とに区分するこ
　　とができないものは，その受取金額全額が受取書の記載金額になります（通
　　則4のハ(2)）。

　ハ　ロの場合で，その他の金額の一部だけ明らかな場合は，その明らかな金
　　額を除いた金額が，その受取書の記載金額になります（通則4のハ(2)）。

(2) 受取代金の内容が明らかにされていない受取書

　　受取金額の全部又は一部が売上代金であるかどうかが，受取書の記載事項
　から明らかにされていない受取書は，売上代金に係る受取書とみなされます。

　　(注)　売上代金以外の受取書であるという事実が他の書類等により証明できる場合で
　　　あっても，その受取書に記載された内容によって，売上代金以外の受取りである
　　　ことが明らかにならなければ，売上代金の受取書として取り扱われます。

(3) 非課税金額の判定

　　受取書に係る非課税の判定金額となる「5万円未満」となるか否かの判定
　に当たっては，売上代金と，売上代金以外の金額との合計額により判定する
　こととなります（通則4のイ）。

3　CASE26「受取書」の検討

　上記1の(2)の例のハにあるように，貸付金の利息は，資産を使用させること
による対価（法別表第一課税物件表第17号の1文書定義欄）に該当し，売上代
金となります。

　また，貸付金の元本については，売上代金以外のものとなります。

　CASE26の受取書は，貸付金元本200万円とその利息4万円を合わせて受け

取った際に作成するもので，売上代金（貸付金に対する対価である利息4万円）と売上代金以外の金銭（貸付金元本200万円）の受取書に該当することとなります。

　そうすると，売上代金と，売上代金以外の金額とを併せて受け取った場合の受取書に該当しますから，上記2(1)に記載のとおり，売上代金の受取書として課税されることになります。

　そして，上記2の(1)イのとおり，階級定額税率を適用する場合の記載金額については，その受取書の記載金額を売上代金に係る金額とその他の金額に区分することができるときは，売上代金に係る金額をその受取書の記載金額とするとされていますから，売上代金（貸付金に対する対価である利息4万円）に対して階級定額税率を適用することとなり，200円の税率適用となるものです。

　なお，受取書に係る非課税の判定金額となる「5万円未満」となるか否かについては，上記2(3)のとおり，貸付金元本200万円とその利息4万円を合わせた204万円で判定することとなることから，事例の受取書は非課税文書には該当しません。

4　売上代金とそれ以外の金額とを区分記載していない場合

　上記2の(2)に記載のとおり，受取金額の全部又は一部が売上代金であるかどうかが，受取書の記載事項から明らかにされていない受取書は，売上代金に係る受取書とみなされますから，例えばCASE26の事例の受取書において，「貸付金204万円（貸付金利息を含む）」と記載されていたとすると，その全額（204万円）が売上代金として取り扱われて，印紙税額は600円とされます。

　したがって，売上代金とそれ以外の金額とを一緒に受領する場合には，売上代金とそれ以外の金額とを区分して記載することが肝要となります。

 チェックポイント

① 受取書において売上代金とその他の金額とが区分記載されているときは，税率の適用に関しては売上代金のみが記載金額となり，売上代金に係る金額に階級定額税率が適用されます。
② 受取書が「５万円未満」非課税となるか否かについては，売上代金とその他の金額との合計金額による判定となります。
③ 売上代金とその他の金額とを，一緒に受領する場合で，売上代金とその他の金額とを区分して記載していない時は，税率の適用に関してはその合計金額がその受取書の記載金額となり，その金額に対応した階級定額税率が適用されることとなりますので，売上代金とその他の金額とを，一緒に受領する場合は，売上代金とその他の金額とを区分して記載した方が，有利となります。

受取書の記載金額
（消費税の区分記載ありで，課される べき消費税額と認められない場合）

　当社は高級文房具店（小売業）を経営していますが，顧客の要望により商品の販売代金の一部を現金で受け取り，残金をクレジットカードで支払いを受ける場合があり，次のようなレシートを交付する場合があります。

　この場合，商品の本体価格120,000円と消費税等相当額12,000円の合計額132,000円を，現金とカードで振り分けて受領することとなり，現金50,000円，カード82,000円には消費税等相当額12,000円が振り分けられ，それぞれの金額に含まれていることになることから，現金受取部分の50,000円には消費税相当額が含まれていることを前提として，このレシートの記載金額は5万円未満となるものと考え，非課税として扱っていました。

　ところが，税務調査において，消費税相当額が区分記載されていないことから，現金50,000円が記載金額となり，課税文書となるとの指摘を受けました。

レシート（受取書）

×1年○月○日　13:50　　　　　　　No.　29653

△△万年筆	132,000円
（内消費税等	12,000円）
計	132,000円
現　　金	50,000円
クレカード	82,000円

　事例のレシートは，確かに現金受領額とクレジットカード受領額とに，消費税相当額12,000円が振り分けられているとも考えられますが，一方で，クレジットカード受領82,000円に消費税相当額12,000円が全額振り分けられているとみることもできます。

　したがって，全体の消費税相当額の記載はあるものの，現金受領額50,000円の内訳となる課されるべき消費税額の区分記載がされていない限り，50,000円全額が金銭の受領額（＝記載金額）とされることとなります。

　現金50,000円，クレジットカード82,000円，それぞれの内訳となる消費税相当額を区分記載できるようにシステム修正を行っておくべきでした。

解 説

1　消費税及び地方消費税の金額が記載された契約書等の記載金額の取扱い

(1)　課税物件表の第1号文書，第2号文書及び第17号文書において，消費税及び地方消費税（消費税額等）の金額が区分記載されている場合，あるいは税込価格及び税抜価格が記載されていることにより，その取引に当たって課されるべき消費税額等が明らかな場合には，その消費税額等の金額は記載金額に含めないものとされています（平元・3・10，間消3－2消費税法の改正等に伴う印紙税の取扱通達（以下「消取通」といいます）1）。

　　㈲　イ　領収書　「請負代金100万円，消費税等10万円，計110万円」

　　　　　　　⇒　第17号の1文書　記載金額は100万円

　　　　ロ　領収書　「領収金額110万円（消費税等を含む）」

　　　　　　　⇒　第17号の1文書　記載金額は110万円

　　　　※　区分記載されていないので，110万円が記載金額となります。

　　なお，「区分記載されている」とは，その取引に当たって課されるべき消費

税額等が具体的に記載されていること（次のイ～ハの事例参照）をいいます。

（例）　イ　請負金額1,100万円（税抜価格1,000万円，消費税額等100万円）

　　　　ロ　請負金額1,100万円（うち消費税額等100万円）

　　　　ハ　請負金額1,000万円，消費税額等100万円，計1,100万円

　また，「税込価格及び税抜価格が記載されていることにより，その取引に当たって課されるべき消費税額等が明らかな場合」とは，その取引に係る消費税額等を含む金額と含まない金額の両方を具体的に記載していることをいい，次の例がこれに当たります。

（例）　請負金額1,100万円，税抜金額1,000万円

（注）1　消費税額等のみが記載されている場合は，税率適用に当たっての記載金額はないものとします。

　　　　したがって，第1号文書，第2号文書では「契約金額の記載のないもの」として，第17号文書では「売上代金以外の受取書」であって「受取金額の記載のないもの」に該当して，それぞれ印紙税額は200円になります。

　　　　なお，第1号文書，第2号文書では，記載された金額が「1万円未満のもの」は非課税となり，第17号文書では記載された受取金額が「5万円未満のもの」は非課税となります。

　　　2　手形（第3号文書）に係る金額について，消費税額等の金額を区分記載しても，消費税額等の金額を含めた総額が手形債権となり，記載金額とされます。

2　売上代金に係る金銭又は有価証券の受取書

　課税物件表の第17号の1文書（売上代金に係る金銭又は有価証券の受取書）については，記載金額により印紙税の税率が異なります。

　その場合の受取書の記載金額については，取引金額等とその消費税額等を区分記載した場合や，税込価格及び税抜価格が記載されていることにより，その取引に当たって課されるべき消費税額等が明らかである場合には，その消費税額等は記載金額に含めないことになります。

　ここでいう区分記載とは，消費税額等の金額がその文書上に明確に記載されていることをいいますので，例えば，受取書に「消費税額等込代金5万円受領」と記載されていても消費税額等の金額が明確に記載されているとは取り扱われ

ませんので，注意が必要です。

3　CASE27「受取書」の検討

　CASE27の「受取書」は，受取金額（現金5万円）に課されるべき消費税額等が区分して記載されていないことから，上記1，2の取扱いの適用はないこととなります。

　したがって，受取金額（現金5万円）の全額が記載金額となり，課税文書（5万円未満非課税の適用はありません）となります。

【参考】　次のような事例のレシート（受取書）の作成が可能なようにシステム修正ができれば，この場合は5万円未満非課税の適用があります。

　　　　　この事例の場合は，受取金額（現金5万円）に課されるべき消費税等の額が明確に記載されていますので，45,455円が記載金額になりますので，非課税文書となります。

レシート（受取書）

×1年○月○日　13:50　　　　　　　　No.　29653

△△万年筆	132,000円
（内消費税等	12,000円）
計	132,000円
現　金	50,000円
（内消費税等	4,545円）
クレカード	82,000円
（内消費税等	7,455円）

チェックポイント

① 課されるべき消費税額等が明らかとなるように，区分記載することが肝要となります。

② 消費税額等のみが記載されている場合は，税率適用に当たっての記載金額はないものとされますから，消費税額等のみの記載である場合には，その旨を明記する必要があります。

契約書の記載金額
（請負金額と消費税額等とを
一括値引きした場合）

　契約時に請負金額の値引きをすることに合意し，次のように値引金額を記載した契約書を作成しました。

請負金額　5,500,000円（税抜金額5,000,000円）
値引き　　100,000円　　差引請負金額　5,400,000円

　この場合には，値引前の請負金額（税込価格と税抜価格の双方）と値引額及び値引後の価格とが記載されており，値引後の税抜価格は500万円以下となるので，2,000円の印紙を貼付していたところ，税務調査において，差引請負金額（税込み）540万円が記載金額となるので，印紙税額は1万円（不納付額8,000円）になるとの指摘を受けました。

ADVICE

　契約書等で契約金額を記載する際に，消費税額等の金額が区分記載されている場合には，その消費税額等の金額は，記載金額に含まれませんから，CASE28の契約書のように，請負金額本体と消費税額等が一括して値引きされている場合には，その明細（値引額100,000円について，本体価格の値引額とそれに対応した消費税額の減少額）を記載していれば，会社の処理は認められていたものです。

　事例の契約書では本体価格の値引額とそれに対応した消費税額の減少額とが区分して明記されていなかったので，全体の値引後の金額（税込金額）である5,400,000円が記載金額とされたものです。

解 説

1　消費税額等の区分記載後に一括値引きした場合

　印紙税の記載金額とは，契約当事者間においてその契約書に記載することにより直接証明しようとしている金額をいいます。

　契約時に一括して値引きがあった場合には，契約当事者間においては値引後の金額により契約が成立したことを証明するものとなりますから，値引後の金額の記載方法によりそれぞれ以下のとおり取り扱われることになります。

(1)　一括して値引きした後の金額（契約金額や受取金額となる税込金額）に係る消費税額等の金額が区分記載されている場合には，その一括値引後の金額から消費税額等の金額を控除した残額が記載金額になります。

　　例えば，第２号文書（請負に関する契約書）において，

　　　請負金額　5,100,000円，消費税等510,000円，計5,610,000円，

　　　値引き110,000円，　差引請負金額　5,500,000円（内消費税等500,000円）

と記載されている場合には，値引後の請負金額5,500,000円に含まれる消費税額等の額500,000円が区分記載されていますから，消費税等の額を除いた金額5,000,000円が記載金額となります。

(2)　一括して値引きした後の金額（契約金額や受取金額となる税込金額）に係る消費税額等の金額が区分記載されていない場合には，その一括値引後の金額が記載金額になります。

　　例えば，第２号文書（請負に関する契約書）において，

　　　請負金額　5,100,000円，消費税等510,000円，計5,610,000円，

　　　値引き110,000円，　差引請負金額　5,500,000円

と記載されている場合には，値引前の請負金額（税抜き5,100,000円）に係る消費税等510,000円が区分記載されていますが，税込金額5,610,000円からの一括値引きした後の請負金額（税込5,500,000円）が記載されているのみで，これに含まれる消費税等の額が具体的に区分記載されていませんから，差引

請負金額　5,500,000円が記載金額となります。

2　税込価格と税抜価格をそれぞれ記載した後に一括値引きした場合

(1)　一括して値引きした後の金額（契約金額や受取金額となる税込金額）の記載とともに，これに係る課されるべき消費税額等を控除した金額（税抜金額）とが区分記載されている場合には，その税抜きの金額が記載金額になります。

　　例えば，第2号文書（請負に関する契約書）において，

　　　請負金額　5,610,000円，（税抜金額5,100,000円），

　　　値引き110,000円，差引請負金額　5,500,000円（税抜金額5,000,000円）

と記載されている場合には，値引後の請負金額5,500,000円とともに，課されるべき消費税額等を控除した後の金額（税抜金額5,000,000円）とが区分記載されていますから，税抜金額5,000,000円が記載金額となります。

(2)　一括して値引きした後の金額（契約金額や受取金額となる税込金額）の記載はあるものの，これに係る課されるべき消費税額等を控除した金額（税抜金額）が区分記載されていない場合には，その一括値引後の金額が記載金額になります。

　　例えば，第2号文書（請負に関する契約書）において，

　　　請負金額　5,610,000円，（税抜金額5,100,000円），

　　　値引き110,000円，差引請負金額　5,500,000円

と記載されている場合には，値引前の請負金額5,610,000円に係る消費税額等を控除した金額（税抜金額5,100,000円）とが区分記載されていますが，値引前の税込みの請負金額5,610,000円から一括値引きした後の請負金額5,500,000円が記載されているのみで，これに係る税抜きの金額が記載されていませんから，差引請負金額5,500,000円が記載金額となります。

チェックポイント

① 請負金額と消費税額等とを一括値引きした場合で，消費税額等が区分記載されている場合は，一括値引後の金額から消費税額等の金額を控除した残額を記載金額とすることができますが，一括値引後の金額に係る消費税額等が区分記載されていなければ，その一括値引後の金額（税込価格）が記載金額となります。

② 請負金額と消費税等とを一括値引きした場合で，一括値引後の金額と，これに課されるべき消費税額等の金額を控除した金額（税抜価格）とが区分記載されている場合，その税抜価格を記載金額とすることができますが，一括値引後の金額の記載はあるものの，これに課されるべき消費税額等の金額を控除した金額（税抜価格）が区分記載されていない場合は，一括値引後の金額（税込価格）が記載金額となります。

運送取引基本契約書
（最低料金の記載がある文書）

当社（製造業者）は当社製品の配送に関して，運送業者との間で，次のような運送に関する基本契約書を取り交わしています。

運送取引基本契約書

甲製造株式会社（以下「甲」という）と乙運輸株式会社（以下「乙」という）は，甲の製品の運送について，下記のとおり運送契約を締結する。

第1条（契約の内容）

　乙は，甲の製品を，甲の工場又は倉庫等から，甲の指示する搬入先まで運送することを受託した。

第2条（個々の運送の依頼方法）

　1　甲は，甲が定める書式の「物品運送注文書」により，乙に運送を委託する。

　2　乙は，前項の依頼を受けたときは速やかに諾否を甲に通知する。

　3　発送貨物は，甲が乙に引き渡したときから乙の責任とする。

第3条（料金及び支払）

　1　甲が乙に支払う料金は，別添の「料金表」による。

　2　甲は，毎月末日をもって締切り，計算をして，翌月末日までに決済する。

第4条（契約期間）

　本契約の有効期間は，×2年4月1日から×3年3月31日までとし，期間満了の1ケ月前までに，甲，乙いずれからも解約の申し出がない場合は，引き続き1年延長する。その後も同様とする。

（　以下略　）

後日のため本契約書2通を作成し，甲乙各1通保有する。

×2年3月31日

別添　「料金表」

　　配送エリア　　梱包単価

　　　X地域　　　貨物大＠50万円，貨物中＠40万円，貨物小＠30万円

　　　Y地域　　　貨物大＠40万円，貨物中＠30万円，貨物小＠20万円

　なお，各エリアの月間最低保証料金を，X地域「500万円」Y地域「300万円」とする。

　この契約書には，梱包単価の記載はありますが，運送料金の直接の取り決めがないので，記載金額のない文書と判断し，第7号文書（継続的取引の基本となる契約書）として4,000円の印紙税を負担していましたが，この度の税務調査において，運送料金が9,600万円となるので，印紙税額は6万円（不納付額5万6,000円）になるとの指摘を受けました。

ADVICE

　CASE29の文書のような場合には，具体的な契約金額（月間契約金額）が明確に記載されていないものと思われてしまいがちなのですが，その文書の別添文書や別紙の書類の中で，月間最低保証料金などが記載される場合が見受けられます。

　このような契約文書については，別添文書や別紙の内容も契約事項となるものですから，別添文書や別紙の中に，契約料金などが定められており，それが，最低料金などの定めだとしても，契約金額が定められているものと評価されることとなります。

　したがって，CASE29のような契約文書では，別添の料金表に記載されている内容が，契約料金を定めるものとなっていないかどうか，今一度確認しておく必要がありました。

解 説

1　記載金額の取扱い

　契約金額の記載があるかないかの判定に当たっては，当該文書に契約金額が直接的に記載されていなくても，当該文書に記載されている単価，数量，記号

その他によりその契約金額等の計算をすることができるときは，その計算により算出した金額が当該文書の記載金額とされます（通則4ホ(1)）。

なお，契約期間の更新の定めがあるものについては，更新前の期間のみを計算の根基とし，更新後の期間は含まないこととされています（基通29）。

また，記載されている金額が予定金額，概算金額，最低金額あるいは最高金額であっても，それぞれ記載金額とされ，最低金額と最高金額とが双方記載されている場合は，最低金額が記載金額となります（基通26(2)）。

(例)	記載の例	⇒	記載金額
	最低金額50万円	⇒	50万円
	50万円以上	⇒	50万円
	50万円超	⇒	50万1円
	最高金額100万円	⇒	100万円
	100万円以下	⇒	100万円
	100万円未満	⇒	99万9,999円
	50万円から100万円まで	⇒	50万円
	50万円を超え100万円以下	⇒	50万1円

2 CASE29「運送取引基本契約書」の検討

CASE29「運送取引基本契約書」では，別添文書「料金表」の中に，「月間最低保証料金を，X地域「500万円」Y地域「300万円」とする。」と記載されており，合計で800万円が月間での最低保証料金となることが認められます。

そして，契約期間（12か月）が記載されていることから，契約金額（最低金額）を計算することができます（800万円×12月＝9,600万円）ので，記載金額が9,600万円の第1号の4文書（運送に関する契約書）に該当し，印紙税額は6万円となります。

チェックポイント

① 契約金額が直接的に記載されていない場合であっても，その文書に単価，数量，記号その他の文言の記載があることにより，契約金額等の計算をすることができる場合があります。

② 記載されている契約金額が予定金額，概算金額，最低金額あるいは最高金額であっても，それぞれ契約金額（＝記載金額）とされます。

30 単価，数量，記号等により記載金額の計算ができる製造委託基本契約書

　当社は，家電の量販店を営んでいる法人です。当社の新たな取組みとして，当社ブランドの製品を開発して販売することとしています。この際，製造を委託するメーカーとの間で次の「製造委託基本契約書」を締結しました。

　この契約書は，月単位の最低製造数量，単価等を定めるもので，1年の契約期間となっています。この契約書は第7号文書（継続的取引の基本となる契約書）に該当すると判断していましたが，このような取扱いで正しいでしょうか。

製造委託基本契約書

　○○電機株式会社（以下「甲」という。）と株式会社△△製作所（以下「乙」という。）は，甲が乙に対して『A製品』の製造を委託し，乙がこれを請け負うことを約する。

　1　月間最低製造数量　　　500　個

　　　ただし，月間の製造数量については，前月20日までに甲から乙へ注文書を差し入れることとする。

　2　単　価（税抜き）　　　15,000　円

　3　契　約　期　間　　　2020年1月1日から2020年12月31日

　　　ただし，契約の更新については，別途，協議する。

　4　支　払　条　件　　　月末締め　翌月20日支払い……

　　　　　　　　　　　　　（以下略）

ADVICE

　事例の文書は，継続する請負取引の基本的な事項を定めるものですが，記載された「月間最低製造数量」，「単価」及び「契約期間」の記載があることから，契約金額を算出することができます。したがって，契約金額の記載のある第2号文書（請負に関する契約書）に該当し，契約金額は9,000万円となり，印紙税額は60,000円となります。

　契約書の中に記載されている約定の内容から，契約金額を算出することができるか否か，一度チェックする必要があります。

解説

1　課税文書の所属の決定

　印紙税法は別表第一に20種類の課税文書を掲げていますが，契約書のように自由な内容の文書が作成されたり，一つの文書に複数の事項を定める場合もありますから，一の文書が2以上の号に該当する場合が生じます。

　そこで，印紙税法はルールを定め，そのうちの一つの号に所属が決定されるようになっています（通則3）。

　課税文書の所属の決定に係るルールについては，通則1から3までに詳細に規定されていますが，その概要は次のとおりです。

⑴　課税事項に該当するものが一つの場合には，その文書は該当する課税事項の属する号の文書になります。

⑵　課税事項が二つ以上ある場合でも，その課税事項が同一の号の事項であるときは，その文書は該当する課税事項の属する号の文書になります。

⑶　課税事項が二つ以上あって，その課税事項がそれぞれ異なった号の課税事項である場合には，通則3の規定に従って決定した一つの号に属する文書になります。

具体的には，次のとおり取り扱うことになります。

イ　第1号文書と第3号文書から第17号文書までに該当する文書（ただし，ハ又はニに該当する文書を除く）

　　　　　　　　　　　　　　　　　　　　　　　　　　　　・・・ 第1号文書

ロ　第2号文書と第3号文書から第17号文書までに該当する文書（ただし，ハ又はニに該当する文書を除く）

　　　　　　　　　　　　　　　　　　　　　　　　　　　　・・・ 第2号文書

ハ　第1号文書又は第2号文書で契約金額の記載のないものと第7号文書とに該当する文書

　　　　　　　　　　　　　　　　　　　　　　　　　　　　・・・ 第7号文書

ニ　第1号文書又は第2号文書と第17号の1文書とに該当する文書のうち，売上代金に係る受取金額（100万円を超えるものに限る）の記載があるものでその金額が第1号文書若しくは第2号文書に係る契約金額（その金額が2以上ある場合には，その合計金額）を超えるもの又は第1号文書若しくは第2号文書に係る契約金額の記載のないもの

　　　　　　　　　　　　　　　　　　　　　　　　　・・・・・・・・・・・・・・・・・・・・・・・・・・・・・・・・・・・・・・・ 第17号の1文書

ホ　第1号文書と第2号文書とに該当する文書（ただし，ヘに該当する文書を除く）

　　　　　　　　　　　　　　　　　　　　　　　　　　　　・・・ 第1号文書

ヘ　第1号文書と第2号文書とに該当する文書で，それぞれの課税事項ごとの契約金額を区分することができ，かつ，第2号文書についての契約金額が第1号文書についての契約金額を超えるもの

　　　　　　　　　　　　　　　　　　　　　　　　　　　　・・・ 第2号文書

ト　第3号文書から第17号文書までの2以上の号に該当する文書（ただし，チに該当する文書を除く）

　　　　　　　　　　　　　　　　　　　　　　　　　・・・・・・・・・・・・・・・・・・・・・・・・・・・ 最も号数の少ない号の文書

チ　第3号文書から第16号文書までの文書と第17号の1文書とに該当する文書のうち，売上代金に係る受取金額（100万円を超えるものに限る）が記

載されているもの

　　‥‥‥‥‥‥‥‥‥‥‥‥‥‥‥‥‥‥‥‥‥‥‥‥ 第17号の１文書

リ　証書と通帳等とに該当する文書（ただし，ヌ，ル又はヲに該当する文書
　　を除く）

　　‥‥‥‥‥‥‥‥‥‥‥‥‥‥‥‥‥‥‥‥‥‥‥‥‥‥‥ 通帳等

ヌ　契約金額が10万円（租特法第91条第２項の軽減措置が適用される不動産
　　譲渡契約書の場合は50万円）を超える第１号文書と第19号文書又は第20
　　号文書とに該当する文書

　　‥‥‥‥‥‥‥‥‥‥‥‥‥‥‥‥‥‥‥‥‥‥‥‥‥‥ 第１号文書

ル　契約金額が100万円（租特法第91条第３項の軽減措置が適用される建設
　　工事請負契約書の場合は200万円）を超える第２号文書と第19号文書又は
　　第20号文書とに該当する文書

　　‥‥‥‥‥‥‥‥‥‥‥‥‥‥‥‥‥‥‥‥‥‥‥‥‥‥ 第２号文書

ヲ　売上代金に係る受取金額が100万円を超える第17号文書と第19号文書又
　　は第20号文書とに該当する文書

　　‥‥‥‥‥‥‥‥‥‥‥‥‥‥‥‥‥‥‥‥‥‥‥‥ 第17号の１文書

ワ　第18号文書と第19号文書とに該当する文書

　　‥‥‥‥‥‥‥‥‥‥‥‥‥‥‥‥‥‥‥‥‥‥‥‥‥‥ 第19号文書

2　CASE30「製造委託基本契約書」の検討

(1)　課　税　事　項

　　事例の「製造委託基本契約書」は，電気製品の製造に関して「製造する製
品」，「月間最低製造数量」，「単価」，「契約期間」，「支払条件」等を定めるも
ので，電気製品の製造に対して対価を支払うことを内容とする契約書であり，
第２号文書（請負に関する契約書）に該当します。

　　また，この文書は，営業者間において，請負に関する２以上の取引を継続
して行うため作成される契約書で，その２以上の取引に共通して適用される
取引条件のうち「製造する製品（目的物の種類）」，「月間最低製造数量（取扱

数量）」,「単価」,「契約期間」,「支払条件（対価の支払方法）」,等を定めるものに該当しますから,第7号文書（継続的取引の基本となる契約書）にも該当することになります（令26一）。

(2) 所属の決定

この文書の所属の決定については,通則3のイが適用になります。

その内容は,「第1号又は第2号に掲げる文書と第3号から第17号までに掲げる文書とに該当する文書は,第1号又は第2号に掲げる文書とする。ただし,第1号又は第2号に掲げる文書で契約金額の記載のないものと第7号に掲げる文書とに該当する文書は,同号に掲げる文書とし,」とされているところであり,契約金額の記載があるかどうかにより,課税関係が異なることになります（上記1のイ,ロ,ハ参照）。

(3) 契約金額の判定

契約金額は,原則として,その文書に記載されている金額で,課税事項に関して直接証明の目的となっている金額をいいます。また,契約金額は,第2号文書（請負に関する契約書）の場合は,「請負金額」をいうこととされています。

さらに,通則4のホの(1)には,「当該文書に記載されている単価及び数量,記号その他によりその契約金額等の計算をすることができるときには,その計算により算出した金額を当該文書の記載金額とする。」と規定していますから,単価,数量,記号などにより,記載金額の計算をすることができる場合には,記載金額のある文書として取り扱われます。

また,課税文書に予定単価又は予定数量等が記載されているものについても,これらにより契約金額等が計算できるときは,その計算される金額を記載金額とすることとされており,最低数量が記載されているときは最低数量を数量として計算することになります（基通26）。

(4) 事例の文書の取扱い

事例の「製造委託基本契約書」は,月間最低製造数量,単価及び契約期間が定められていることにより,契約金額が9,000万円（500個×15,000円×12月）と算出できますから,この金額が契約金額（＝記載金額）となります。

　つまり，契約金額の記載のある第2号文書と第7号文書とに同時に該当する文書であることから，上記(2)により第2号文書に所属が決定し，記載金額は9,000万円となり，印紙税額は6万円となります。

【参考】

　　事例の文書において，月間最低製造数量の取り決めがなければ，契約金額の計算ができないことから，所属の判定は第7号文書（継続的取引の基本となる契約書）となり，印紙税額は4,000円となります。

　　したがって，例えば，「月間最低製造数量」に代えて，「毎月の注文書の注文数量」とすると記載することで，印紙税の負担軽減につながるものと考えられます。

　　また，事例の文書の「2単価（税抜き）」については「別途覚書で定める」と記載することでも，所属の判定は第7号文書（継続的取引の基本となる契約書）となり，印紙税額を4,000円に抑えることができます。

　　なお，この場合は別途作成する覚書も，第7号文書（継続的取引の基本となる契約書）となって，印紙税額は4,000円となりますが，二つの契約書全体として8,000円の印紙税負担とすることも可能です。

　　さらに，契約金額（＝記載金額）が500万円以下となる場合には，契約書上にそのまま契約金額を記載して，第1号文書又は第2号文書に所属を決定させた方が，印紙税負担は第7号文書に所属を決定させるよりも負担軽減となります。

⚠ チェックポイント ⚠

① 　単価，数量，記号などにより，契約金額の計算をすることができる場合には，記載金額のある文書として取り扱われます。

② 　文書の表題が「基本契約書」となっていることのみでは，第7号文書（継続的取引の基本となる契約書）と判断することはできません。

③ 　契約金額（＝記載金額）のない契約書とすることで，印紙税負担を軽減す

ることができる場合があります。

付録

印紙税法（抄）

第2条　課税物件

別表第一の課税物件の欄に掲げる文書には，この法律により，印紙税を課する。

第3条　納税義務者

別表第一の課税物件の欄に掲げる文書のうち，第5条の規定により印紙税を課さないものとされる文書以外の文書（以下「課税文書」という。）の作成者は，その作成した課税文書につき，印紙税を納める義務がある。

2　一の課税文書を2以上の者が共同して作成した場合には，当該2以上の者は，その作成した課税文書につき，連帯して印紙税を納める義務がある。

第4条　課税文書の作成とみなす場合等

別表第一第3号に掲げる約束手形又は為替手形で手形金額の記載のないものにつき手形金額の補充がされた場合には，当該補充をした者が，当該補充をした時に，同号に掲げる約束手形又は為替手形を作成したものとみなす。

2　別表第一第18号から第20号までの課税文書を1年以上にわたり継続して使用する場合には，当該課税文書を作成した日から1年を経過した日以後最初の付込みをした時に，当該課税文書を新たに作成したものとみなす。

3　一の文書（別表第一第3号から第6号まで，第9号及び第18号から第20号までに掲げる文書を除く。）に，同表第1号から第17号までの課税文書（同表第3号から第6号まで及び第9号の課税文書を除く。）により証されるべき事項の追記をした場合又は同表第18号若しくは第19号の課税文書として使用するための付込みをした場合には，当該追記又は付込みをした者が，当該追記又は付込みをした時に，当該追記又は付込みに係る事項を記載した課税文書を新たに作成したものとみなす。

4　別表第一第19号又は第20号の課税文書（以下この項において「通帳等」という。）に次の各号に掲げる事項の付込みがされた場合において，当該付込みがされた事項に係る記載金額（同表の課税物件表の適用に関する通則4に規定する記載金額をいう。第9条第3項において同じ。）が当該各号に掲げる金額であるときは，当該付込みがされた事項に係る部分については，当該通帳等への付込みがなく，当該各号に規定する課税文書の作成があつたものとみなす。

一　別表第一第1号の課税文書により証されるべき事項　10万円を超える金額

二　別表第一第2号の課税文書により証されるべき事項　100万円を超える金額

三　別表第一第17号の課税文書（物件名の欄1に掲げる受取書に限る。）により証さ

れるべき事項　100万円を超える金額

5　次条第2号に規定する者（以下この条において「国等」という。）と国等以外の者とが共同して作成した文書については，国等又は公証人法（明治41年法律第53号）に規定する公証人が保存するものは国等以外の者が作成したものとみなし，国等以外の者（公証人を除く。）が保存するものは国等が作成したものとみなす。

6　前項の規定は，次条第3号に規定する者とその他の者（国等を除く。）とが共同して作成した文書で同号に規定するものについて準用する。

第5条　非課税文書

別表第一の課税物件の欄に掲げる文書のうち，次に掲げるものには，印紙税を課さない。

一　別表第一の非課税物件の欄に掲げる文書

二　国，地方公共団体又は別表第二に掲げる者が作成した文書

三　別表第三の上欄に掲げる文書で，同表の下欄に掲げる者が作成したもの

第6条　納税地

印紙税の納税地は，次の各号に掲げる課税文書の区分に応じ，当該各号に掲げる場所とする。

一　第11条第1項又は第12条第1項の承認に係る課税文書　これらの承認をした税務署長の所属する税務署の管轄区域内の場所

二　第9条第1項の請求に係る課税文書　当該請求を受けた税務署長の所属する税務署の管轄区域内の場所

三　第10条第1項に規定する印紙税納付計器により，印紙税に相当する金額を表示して同項に規定する納付印を押す課税文書　当該印紙税納付計器の設置場所

四　前3号に掲げる課税文書以外の課税文書で，当該課税文書にその作成場所が明らかにされているもの　当該作成場所

五　第1号から第3号までに掲げる課税文書以外の課税文書で，当該課税文書にその作成場所が明らかにされていないもの　政令で定める場所

第7条　課税標準及び税率

印紙税の課税標準及び税率は，別表第一の各号の課税文書の区分に応じ，同表の課税標準及び税率の欄に定めるところによる。

第8条　印紙による納付等

　課税文書の作成者は，次条から第12条までの規定の適用を受ける場合を除き，当該課税文書に課されるべき印紙税に相当する金額の印紙（以下「相当印紙」という。）を，当該課税文書の作成の時までに，当該課税文書にはり付ける方法により，印紙税を納付しなければならない。

2　課税文書の作成者は，前項の規定により当該課税文書に印紙をはり付ける場合には，政令で定めるところにより，当該課税文書と印紙の彩紋とにかけ，判明に印紙を消さなければならない。

第14条　過誤納の確認等

　印紙税に係る過誤納金（第10条第4項の規定により納付した印紙税で印紙税納付計器の設置の廃止その他の事由により納付の必要がなくなつたものを含む。以下この条において同じ。）の還付を受けようとする者は，政令で定めるところにより，その過誤納の事実につき納税地の所轄税務署長の確認を受けなければならない。ただし，第11条及び第12条の規定による申告書（当該申告書に係る国税通則法（昭和37年法律第66号）第18条第2項若しくは第19条第3項（期限後申告・修正申告）に規定する期限後申告書若しくは修正申告書又は同法第24条から第26条まで（更正・決定）の規定による更正若しくは決定を含む。）に係る印紙税として納付され，又は第20条に規定する過怠税として徴収された過誤納金については，この限りでない。

2　第9条第2項又は第10条第4項の規定により印紙税を納付すべき者が，第9条第1項又は第10条第1項の税務署長に対し，政令で定めるところにより，印紙税に係る過誤納金（前項の確認を受けたもの及び同項ただし書に規定する過誤納金を除く。）の過誤納の事実の確認とその納付すべき印紙税への充当とをあわせて請求したときは，当該税務署長は，その充当をすることができる。

3　第1項の確認又は前項の充当を受ける過誤納金については，当該確認又は充当の時に過誤納があつたものとみなして，国税通則法第56条から第58条まで（還付・充当・還付加算金）の規定を適用する。

第20条　印紙納付に係る不納税額があつた場合の過怠税の徴収

　第8条第1項の規定により印紙税を納付すべき課税文書の作成者が同項の規定により納付すべき印紙税を当該課税文書の作成の時までに納付しなかつた場合には，当該印紙税の納税地の所轄税務署長は，当該課税文書の作成者から，当該納付しなかつた印紙税の額とその2倍に相当する金額との合計額に相当する過怠税を徴収する。

2　前項に規定する課税文書の作成者から当該課税文書に係る印紙税の納税地の所轄税

務署長に対し，政令で定めるところにより，当該課税文書について印紙税を納付していない旨の申出があり，かつ，その申出が印紙税についての調査があつたことにより当該申出に係る課税文書について国税通則法第32条第1項（賦課決定）の規定による前項の過怠税についての決定があるべきことを予知してされたものでないときは，当該課税文書に係る同項の過怠税の額は，同項の規定にかかわらず，当該納付しなかつた印紙税の額と当該印紙税の額に100分の10の割合を乗じて計算した金額との合計額に相当する金額とする。

3　第8条第1項の規定により印紙税を納付すべき課税文書の作成者が同条第2項の規定により印紙を消さなかつた場合には，当該印紙税の納税地の所轄税務署長は，当該課税文書の作成者から，当該消されていない印紙の額面金額に相当する金額の過怠税を徴収する。

4　第1項又は前項の場合において，過怠税の合計額が1,000円に満たないときは，これを1,000円とする。

5　前項に規定する過怠税の合計額が，第2項の規定の適用を受けた過怠税のみに係る合計額であるときは，当該過怠税の合計額については，前項の規定の適用はないものとする。

6　税務署長は，国税通則法第32条第3項（賦課決定通知）の規定により第1項又は第3項の過怠税に係る賦課決定通知書を送達する場合には，当該賦課決定通知書に課税文書の種類その他の政令で定める事項を附記しなければならない。

7　第1項又は第3項の過怠税の税目は，印紙税とする。

印紙税法別表第一　課税物件表

課税物件表の適用に関する通則

1　この表における文書の所属の決定は，この表の各号の規定による。この場合において，当該各号の規定により所属を決定することができないときは，2及び3に定めるところによる。

2　一の文書でこの表の2以上の号に掲げる文書により証されるべき事項又はこの表の1若しくは2以上の号に掲げる文書により証されるべき事項とその他の事項とが併記され，又は混合して記載されているものその他一の文書でこれに記載されている事項がこの表の2以上の号に掲げる文書により証されるべき事項に該当するものは，当該各号に掲げる文書に該当する文書とする。

3　一の文書が2の規定によりこの表の各号のうち2以上の号に掲げる文書に該当することとなる場合には，次に定めるところによりその所属を決定する。

イ　第1号又は第2号に掲げる文書と第3号から第17号までに掲げる文書とに該当する文書は，第1号又は第2号に掲げる文書とする。ただし，第1号又は第2号に掲げる文書で契約金額の記載のないものと第7号に掲げる文書とに該当する文書は，同号に掲げる文書とし，第1号又は第2号に掲げる文書と第17号に掲げる文書とに該当する文書のうち，当該文書に売上代金（同号の定義の欄1に規定する売上代金をいう。以下この通則において同じ。）に係る受取金額（100万円を超えるものに限る。）の記載があるもので，当該受取金額が当該文書に記載された契約金額（当該金額が2以上ある場合には，その合計額）を超えるもの又は契約金額の記載のないものは，同号に掲げる文書とする。

ロ　第1号に掲げる文書と第2号に掲げる文書とに該当する文書は，第1号に掲げる文書とする。ただし，当該文書に契約金額の記載があり，かつ，当該契約金額を第1号及び第2号に掲げる文書のそれぞれにより証されるべき事項ごとに区分することができる場合において，第1号に掲げる文書により証されるべき事項に係る金額として記載されている契約金額（当該金額が2以上ある場合には，その合計額。以下このロにおいて同じ。）が第2号に掲げる文書により証されるべき事項に係る金額として記載されている契約金額に満たないときは，同号に掲げる文書とする。

ハ　第3号から第17号までに掲げる文書のうち2以上の号に掲げる文書に該当する文書は，当該2以上の号のうち最も号数の少ない号に掲げる文書とする。ただし，当該文書に売上代金に係る受取金額（100万円を超えるものに限る。）の記載があるときは，第17号に掲げる文書とする。

ニ　ホに規定する場合を除くほか，第18号から第20号までに掲げる文書と第1号から第17号までに掲げる文書とに該当する文書は，第18号から第20号までに掲げる文書とする。

ホ　第19号若しくは第20号に掲げる文書と第1号に掲げる文書とに該当する文書で同号に掲げる文書に係る記載された契約金額が10万円を超えるもの，第19号若しくは第20号に掲げる文書と第2号に掲げる文書とに該当する文書で同号に掲げる文書に係る記載された契約金額が100万円を超えるもの又は第19号若しくは第20号に掲げる文書と第17号に掲げる文書とに該当する文書で同号に掲げる文書に係る記載された売上代金に係る受取金額が100万円を超えるものは，それぞれ，第1号，第2号又は第17号に掲げる文書とする。

4　この表の課税標準及び税率の欄の税率又は非課税物件の欄の金額が契約金額，券面金額その他当該文書により証されるべき事項に係る金額（以下この4において「契約金額等」という。）として当該文書に記載された金額（以下この4において「記載金額」という。）を基礎として定められている場合における当該金額の計算については，次に定めるところによる。

イ　当該文書に2以上の記載金額があり，かつ，これらの金額が同一の号に該当する文書により証されるべき事項に係るものである場合には，これらの金額の合計額を当該文書の記載金額とする。

ロ　当該文書が2の規定によりこの表の2以上の号に該当する文書である場合には，次に定めるところによる。

⑴　当該文書の記載金額を当該2以上の号のそれぞれに掲げる文書により証されるべき事項ごとに区分することができるときは，当該文書が3の規定によりこの表のいずれの号に掲げる文書に所属することとなるかに応じ，その所属する号に掲げる文書により証されるべき事項に係る金額を当該文書の記載金額とする。

⑵　当該文書の記載金額を当該2以上の号のそれぞれに掲げる文書により証されるべき事項ごとに区分することができないときは，当該金額（当該金額のうちに，当該文書が3の規定によりこの表のいずれかの号に所属することとなる場合における当該所属する号に掲げる文書により証されるべき事項に係る金額以外の金額として明らかにされている部分があるときは，当該明らかにされている部分の金額を除く。）を当該文書の記載金額とする。

ハ　当該文書が第17号に掲げる文書（3の規定により同号に掲げる文書となるものを含む。）のうち同号の物件名の欄1に掲げる受取書である場合には，税率の適用に関しては，イ又はロの規定にかかわらず，次に定めるところによる。

⑴　当該受取書の記載金額が売上代金に係る金額とその他の金額に区分することが

できるときは，売上代金に係る金額を当該受取書の記載金額とする。

 (2) 当該受取書の記載金額を売上代金に係る金額とその他の金額に区分することができないときは，当該記載金額（当該金額のうちに売上代金に係る金額以外の金額として明らかにされている部分があるときは，当該明らかにされている部分の金額を除く。）を当該受取書の記載金額とする。

ニ 契約金額等の変更の事実を証すべき文書について，当該文書に係る契約についての変更前の契約金額等の記載のある文書が作成されていることが明らかであり，かつ，変更の事実を証すべき文書により変更金額（変更前の契約金額等と変更後の契約金額等の差額に相当する金額をいう。以下同じ。）が記載されている場合（変更前の契約金額等と変更後の契約金額等が記載されていることにより変更金額を明らかにすることができる場合を含む。）には，当該変更金額が変更前の契約金額等を増加させるものであるときは，当該変更金額を当該文書の記載金額とし，当該変更金額が変更前の契約金額等を減少させるものであるときは，当該文書の記載金額の記載はないものとする。

ホ 次の(1)から(3)までの規定に該当する文書の記載金額については，それぞれ(1)から(3)までに定めるところによる。

 (1) 当該文書に記載されている単価及び数量，記号その他によりその契約金額等の計算をすることができるときは，その計算により算出した金額を当該文書の記載金額とする。

 (2) 第1号又は第2号に掲げる文書に当該文書に係る契約についての契約金額又は単価，数量，記号その他の記載のある見積書，注文書その他これらに類する文書（この表に掲げる文書を除く。）の名称，発行の日，記号，番号その他の記載があることにより，当事者間において当該契約についての契約金額が明らかであるとき又は当該契約についての契約金額の計算をすることができるときは，当該明らかである契約金額又は当該計算により算出した契約金額を当該第1号又は第2号に掲げる文書の記載金額とする。

 (3) 第17号に掲げる文書のうち売上代金として受け取る有価証券の受取書に当該有価証券の発行者の名称，発行の日，記号，番号その他の記載があること，又は同号に掲げる文書のうち売上代金として受け取る金銭若しくは有価証券の受取書に当該売上代金に係る受取金額の記載のある支払通知書，請求書その他これらに類する文書の名称，発行の日，記号，番号その他の記載があることにより，当事者間において当該売上代金に係る受取金額が明らかであるときは，当該明らかである受取金額を当該受取書の記載金額とする。

ヘ 当該文書の記載金額が外国通貨により表示されている場合には，当該文書を作成

した日における外国為替及び外国貿易法（昭和24年法律第228号）第7条第1項（外国為替相場）の規定により財務大臣が定めた基準外国為替相場又は裁定外国為替相場により当該記載金額を本邦通貨に換算した金額を当該文書についての記載金額とする。

5　この表の第1号，第2号，第7号及び第12号から第15号までにおいて「契約書」とは，契約証書，協定書，約定書その他名称のいかんを問わず，契約（その予約を含む。以下同じ。）の成立若しくは更改又は契約の内容の変更若しくは補充の事実（以下「契約の成立等」という。）を証すべき文書をいい，念書，請書その他契約の当事者の一方のみが作成する文書又は契約の当事者の全部若しくは一部の署名を欠く文書で，当事者間の了解又は商慣習に基づき契約の成立等を証することとされているものを含むものとする。

6　1から5までに規定するもののほか，この表の規定の適用に関し必要な事項は，政令で定める。

番号	課税物件		課税標準及び税率	非課税物件
	物件名	定義		
1	1　不動産，鉱業権，無体財産権，船舶若しくは航空機又は営業の譲渡に関する契約書 2　地上権又は土地の賃借権の設定又は譲渡に関する契約書 3　消費貸借に関する契約書 4　運送に関する契約書（傭船契約書を含む。）	1　不動産には，法律の規定により不動産とみなされるもののほか，鉄道財団，軌道財団及び自動車交通事業財団を含むものとする。 2　無体財産権とは，特許権，実用新案権，商標権，意匠権，回路配置利用権，育成者権，商号及び著作権をいう。 3　運送に関する契約書には，乗車券，乗船券，航空券及び送り状を含まないものとする。 4　傭船契約書には，航空機の傭船契約書を含むものとし，裸傭船契約書を含まないものとする。	1　契約金額の記載のある契約書 　次に掲げる契約金額の区分に応じ，1通につき，次に掲げる税率とする。 10万円以下のもの　**200円** 10万円を超え50万円以下のもの　**400円** 50万円を超え100万円以下のもの　**1,000円** 100万円を超え500万円以下のもの　**2,000円** 500万円を超え1,000万円以下のもの　**1万円** 1,000万円を超え5,000万円以下のもの　**2万円** 5,000万円を超え1億円以下のもの　**6万円** 1億円を超え5億円以下のもの　**10万円** 5億円を超え10億円以下のもの　**20万円** 10億円を超え50億円以下のもの　**40万円** 50億円を超えるもの　**60万円** 2　契約金額の記載のない契約書　1通につき　**200円**	1　契約金額の記載のある契約書（課税物件表の適用に関する通則3イの規定が適用されることによりこの号に掲げる文書となるものを除く。）のうち，当該契約金額が1万円未満のもの

番号	課税物件		課税標準及び税率	非課税物件
	物件名	定義		
1	＜印紙税額の軽減＞			
	上記1のうち，不動産の譲渡に関する契約書で，記載された**契約金額が1,000万円を超え，かつ，平成9年4月1日から平成26年3月31日まで**での間に作成されるもの		記載された金額が 1,000万円を超え 5,000万円以下のもの **1万5,000円** 5,000万円を超え 1億円以下のもの **4万5,000円** 1億円を超え 5億円以下のもの **8万円** 5億円を超え 10億円以下のもの **18万円** 10億円を超え 50億円以下のもの **36万円** 50億円を超えるもの **54万円**	
	上記1のうち，不動産の譲渡に関する契約書で，記載された**契約金額が10万円を超え，かつ，平成26年4月1日から令和2年3月31日まで**の間に作成されるもの		記載された金額が 10万円を超え 50万円以下のもの **200円** 50万円を超え 100万円以下のもの **500円** 100万円を超え 500万円以下のもの **1,000円** 500万円を超え 1,000万円以下のもの **5,000円** 1,000万円を超え 5,000万円以下のもの **1万円** 5,000万円を超え 1億円以下のもの **3万円** 1億円を超え 5億円以下のもの **6万円** 5億円を超え 10億円以下のもの **16万円** 10億円を超え 50億円以下のもの **32万円** 50億円を超えるもの **48万円**	

番号	課税物件		課税標準及び税率	非課税物件
	物件名	定義		
2	請負に関する契約書	1　請負には，職業野球の選手，映画の俳優その他これらに類する者で政令で定めるものの役務の提供を約することを内容とする契約を含むものとする。	1　契約金額の記載のある契約書 　次に掲げる契約金額の区分に応じ，1通につき，次に掲げる税率とする。 100万円以下のもの　**200円** 100万円を超え200万円以下のもの　　　　　　　**400円** 200万円を超え300万円以下のもの　　　　　　**1,000円** 300万円を超え500万円以下のもの　　　　　　**2,000円** 500万円を超え1,000万円以下のもの　　　　　　**1万円** 1,000万円を超え5,000万円以下のもの　　　　　　**2万円** 5,000万円を超え1億円以下のもの　　　　　　　**6万円** 1億円を超え5億円以下のもの　　　　　　　**10万円** 5億円を超え10億円以下のもの　　　　　　　**20万円** 10億円を超え50億円以下のもの　　　　　　　**40万円** 50億円を超えるもの　　　　　　　**60万円** 2　契約金額の記載のない契約書　1通につき　**200円**	1　契約金額の記載のある契約書（課税物件表の適用に関する通則3イの規定が適用されることによりこの号に掲げる文書となるものを除く。）のうち，当該契約金額が1万円未満のもの

番号	課税物件		課税標準及び税率	非課税物件
	物件名	定義		
2	＜印紙税額の軽減＞			
	上記のうち，建設業法第2条第1項に規定する建設工事の請負に係る契約に基づき作成される契約書で，記載された**契約金額が1,000万円を超え，かつ，平成9年4月1日から平成26年3月31日までの間に作成されるもの**		記載された金額が 1,000万円を超え 5,000万円以下のもの **1万5,000円** 5,000万円を超え 1億円以下のもの **4万5,000円** 1億円を超え 5億円以下のもの **8万円** 5億円を超え 10億円以下のもの **18万円** 10億円を超え 50億円以下のもの **36万円** 50億円を超えるもの　**54万円**	
	上記のうち，建設業法第2条第1項に規定する建設工事の請負に係る契約に基づき作成される契約書で，記載された**契約金額が100万円を超え，かつ，平成26年4月1日から令和2年3月31日までの間に作成されるもの**		記載された金額が 100万円を超え 200万円以下のもの **200円** 200万円を超え 300万円以下のもの **500円** 300万円を超え 500万円以下のもの **1,000円** 500万円を超え 1,000万円以下のもの **5,000円** 1,000万円を超え 5,000万円以下のもの **1万円** 5,000万円を超え 1億円以下のもの **3万円** 1億円を超え 5億円以下のもの **6万円** 5億円を超え 10億円以下のもの **16万円** 10億円を超え 50億円以下のもの **32万円** 50億円を超えるもの　**48万円**	

番号	課税物件		課税標準及び税率	非課税物件
	物件名	定義		
3	約束手形又は為替手形		1　2に掲げる手形以外の手形 　次に掲げる手形金額の区分に応じ，1通につき，次に掲げる税率とする。 100万円以下のもの　**200円** 100万円を超え200万円以下のもの　**400円** 200万円を超え300万円以下のもの　**600円** 300万円を超え500万円以下のもの　**1,000円** 500万円を超え1,000万円以下のもの　**2,000円** 1,000万円を超え2,000万円以下のもの　**4,000円** 2,000万円を超え3,000万円以下のもの　**6,000円** 3,000万円を超え5,000万円以下のもの　**1万円** 5,000万円を超え1億円以下のもの　**2万円** 1億円を超え2億円以下のもの　**4万円** 2億円を超え3億円以下のもの　**6万円** 3億円を超え5億円以下のもの　**10万円** 5億円を超え10億円以下のもの　**15万円** 10億円を超えるもの 　**20万円** 2　次に掲げる手形　1通につき　**200円** イ　一覧払の手形（手形法（昭和7年法律第20号）第34条	1　手形金額が10万円未満の手形 2　手形金額の記載のない手形 3　手形の複本又は謄本

番号	課税物件		課税標準及び税率	非課税物件
	物件名	定義		
3			第2項（一覧払の為替手形の呈示開始期日の定め）（同法第77条第1項第2号（約束手形への準用）において準用する場合を含む。）の定めをするものを除く。） ロ　日本銀行又は銀行その他政令で定める金融機関を振出人及び受取人とする手形（振出人である銀行その他当該政令で定める金融機関を受取人とするものを除く。） ハ　外国通貨により手形金額が表示される手形 ニ　外国為替及び外国貿易法第6条第1項第6号（定義）に規定する非居住者の本邦にある同法第16条の2（支払等の制限）に規定する銀行等（以下この号において「銀行等」という。）に対する本邦通貨をもつて表示される勘定を通ずる方法により決済される手形で政令で定めるもの ホ　本邦から貨物を輸出し又は本邦に貨物を輸入する外国為替及び外国貿易法第6条第1項第5号（定義）に規定する居住者が本邦にある銀行等を支払人として振り出す本邦通貨により手形金額が表示される手形で政令で定めるもの ヘ　ホに掲げる手形及び外国の法令に準拠して外国にお	

番号	課税物件		課税標準及び税率	非課税物件
	物件名	定義		
3			いて銀行業を営む者が本邦にある銀行等を支払人として振り出した本邦通貨により手形金額が表示される手形で政令で定めるものを担保として，銀行等が自己を支払人として振り出す本邦通貨により手形金額が表示される手形で政令で定めるもの	
4	株券，出資証券若しくは社債券又は投資信託，貸付信託，特定目的信託若しくは受益証券発行信託の受益証券	1 出資証券とは，相互会社（保険業法（平成7年法律第105号）第2条第5項（定義）に規定する相互会社をいう。以下同じ。）の作成する基金証券及び法人の社員又は出資者たる地位を証する文書（投資信託及び投資法人に関する法律（昭和26年法律第198号）に規定する投資証券を含む。）をいう。 2 社債券には，特別の法律により法人の発行する債券及び相互会社の社債券を含むものとする。	次に掲げる券面金額（券面金額の記載のない証券で株数又は口数の記載のあるものにあつては，1株又は1口につき政令で定める金額に当該株数又は口数を乗じて計算した金額）の区分に応じ，1通につき，次に掲げる税率とする。 500万円以下のもの **200**円 500万円を超え1,000万円以下のもの **1,000**円 1,000万円を超え5,000万円以下のもの **2,000**円 5,000万円を超え1億円以下のもの **1万**円 1億円を超えるもの **2万**円	1 日本銀行その他特別の法律により設立された法人で政令で定めるものの作成する出資証券（協同組織金融機関の優先出資に関する法律（平成5年法律第44号）に規定する優先出資証券を除く。） 2 受益権を他の投資信託の受託者に

212

番号	課税物件		課税標準及び税率	非課税物件
	物件名	定義		
4				取得させることを目的とする投資信託の受益証券で政令で定めるもの (参考) 　一定の要件を満たしている額面株式の株券の無効手続に伴い新たに発行する株券は非課税
5	合併契約書又は吸収分割契約書若しくは新設分割計画書	1　合併契約書とは，会社法（平成17年法律第86号）第748条（合併契約の締結）に規定する合併契約（保険業法第159条第1項（相互会社と株式会社の合併）に規定する合併契約を含む。）を証する文書（当該合併契約の変更又は補充の事実を証するものを含む。）	1通につき　　　　4万円	

番号	課税物件		課税標準及び税率	非課税物件
	物件名	定義		
5		をいう。 2　吸収分割契約書とは，会社法第757条（吸収分割契約の締結）に規定する吸収分割契約を証する文書（当該吸収分割契約の変更又は補充の事実を証するものを含む。）をいう。 3　新設分割計画書とは，会社法第762条第1項（新設分割計画の作成）に規定する新設分割計画を証する文書（当該新設分割計画の変更又は補充の事実を証するものを含む。）をいう。		
6	定款	1　定款は，会社（相互会社を含む。）の設立のときに作成される定款の原本に限るものとする。	1通につき　　　　4万円	1　株式会社又は相互会社の定款のうち，公証人法第62条ノ3第3項（定款の認証手続）の規定によ

番号	課税物件		課税標準及び税率	非課税物件
	物件名	定義		
6				り公証人の保存するもの以外のもの
7	継続的取引の基本となる契約書（契約期間の記載のあるもののうち，当該契約期間が3月以内であり，かつ，更新に関する定めのないものを除く。）	1　継続的取引の基本となる契約書とは，特約店契約書，代理店契約書，銀行取引約定書その他の契約書で，特定の相手方との間に継続的に生ずる取引の基本となるもののうち，政令で定めるものをいう。	1通につき　　4,000円	
8	預貯金証書		1通につき　　200円	1　信用金庫その他政令で定める金融機関の作成する預貯金証書で，記載された預入額が1万円未満のもの
9	倉荷証券，船荷証券又は複合運送証券	1　倉荷証券には，商法（明治32年法律第48号）第601条（倉荷証券の記載事項）の記載	1通につき　　200円	

番号	課税物件		課税標準及び税率		非課税物件
	物件名	定義			
9		事項の一部を欠く証書で，倉荷証券と類似の効用を有するものを含むものとする。 2　船荷証券又は複合運送証券には，商法第758条（船荷証券の記載事項）（同法第769条第2項（複合運送証券）において準用する場合を含む。）の記載事項の一部を欠く証書で，これらの証券と類似の効用を有するものを含むものとする。			
10	保険証券	1　保険証券とは，保険証券その他名称のいかんを問わず，保険法（平成20年法律第56号）第6条第1項（損害保険契約の締結時の書面交付），第40条第1項（生命保険契約の締結時の書面交付）又は第69条第1	1通につき	200円	

番号	課税物件		課税標準及び税率	非課税物件
	物件名	定義		
10		項（傷害疾病定額保険契約の締結時の書面交付）その他の法令の規定により，保険契約に係る保険者が当該保険契約を締結したときに当該保険契約に係る保険契約者に対して交付する書面（当該保険契約者からの再交付の請求により交付するものを含み，保険業法第3条第5項第3号（免許）に掲げる保険に係る保険契約その他政令で定める保険契約に係るものを除く。）をいう。		
11	信用状		1通につき　　200円	
12	信託行為に関する契約書	1　信託行為に関する契約書には，信託証書を含むものとする。	1通につき　　200円	

番号	課税物件		課税標準及び税率	非課税物件
	物件名	定義		
13	債務の保証に関する契約書（主たる債務の契約書に併記するものを除く。）		1通につき　　　　200円	1　身元保証ニ関スル法律（昭和8年法律第42号）に定める身元保証に関する契約書
14	金銭又は有価証券の寄託に関する契約書		1通につき　　　　200円	
15	債権譲渡又は債務引受けに関する契約書		1通につき　　　　200円	1　契約金額の記載のある契約書のうち，当該契約金額が1万円未満のもの
16	配当金領収証又は配当金振込通知書	1　配当金領収証とは，配当金領収書その他名称のいかんを問わず，配当金の支払を受ける権利を表彰する証書又は配当金の受領の事実を証するための証書をいう。 2　配当金振込通知書とは，配当	1通につき　　　　200円	1　記載された配当金額が3,000円未満の証書又は文書

番号	課税物件		課税標準及び税率	非課税物件
	物件名	定義		
16		金振込票その他名称のいかんを問わず，配当金が銀行その他の金融機関にある株主の預貯金口座その他の勘定に振込済みである旨を株主に通知する文書をいう。		
17	1　売上代金に係る金銭又は有価証券の受取書 2　金銭又は有価証券の受取書で1に掲げる受取書以外のもの	1　売上代金に係る金銭又は有価証券の受取書とは，資産を譲渡し若しくは使用させること（当該資産に係る権利を設定することを含む。）又は役務を提供することによる対価（手付けを含み，金融商品取引法（昭和23年法律第25号）第2条第1項（定義）に規定する有価証券その他これに準ずるもので政令で定めるものの譲渡の対価，保険料その他政令で定めるものを除く。以下「売上	1　売上代金に係る金銭又は有価証券の受取書で受取金額の記載のあるもの 　次に掲げる受取金額の区分に応じ，1通につき，次に掲げる税率とする。 100万円以下のもの　**200円** 100万円を超え200万円以下のもの　**400円** 200万円を超え300万円以下のもの　**600円** 300万円を超え500万円以下のもの　**1,000円** 500万円を超え1,000万円以下のもの　**2,000円** 1,000万円を超え2,000万円以下のもの　**4,000円** 2,000万円を超え3,000万円以下のもの　**6,000円** 3,000万円を超え5,000万円以下のもの　**1万円** 5,000万円を超え1億円以下のもの　**2万円** 1億円を超え2億円以下のもの　**4万円**	1　記載された受取金額が5万円未満の受取書 上記1について，平成26年3月31日以前に作成されたものについては，記載された受取金額が3万円未満の受取書 2　営業（会社以外の法人で，法令の規定又は定款の定めにより利益金

番号	課税物件		課税標準及び税率	非課税物件
	物件名	定義		
17		代金」という。）として受け取る金銭又は有価証券の受取書をいい，次に掲げる受取書を含むものとする。 イ　当該受取書に記載されている受取金額の一部に売上代金が含まれている金銭又は有価証券の受取書及び当該受取金額の全部又は一部が売上代金であるかどうかが当該受取書の記載事項により明らかにされていない金銭又は有価証券の受取書 ロ　他人の事務の委託を受けた者（以下この欄において「受託者」という。）が当該委託をした者（以下この欄において「委託者」という。）に代わつて売上代金を受け取る場合に作成する金銭又は有価証券	2億円を超え3億円以下のもの　　　　　6万円 3億円を超え5億円以下のもの　　　　10万円 5億円を超え10億円以下のもの　　　　15万円 10億円を超えるもの　　　　　　　20万円 2　1に掲げる受取書以外の受取書　1通につき　200円	又は剰余金の配当又は分配をすることができることとなつているものが，その出資者以外の者に対して行う事業を含み，当該出資者がその出資をした法人に対して行う営業を除く。）に関しない受取書 3　有価証券又は第8号，第12号，第14号若しくは前号に掲げる文書に追記した受取書

番号	課税物件		課税標準及び税率	非課税物件
	物件名	定義		
17		の受取書（銀行その他の金融機関が作成する預貯金口座への振込金の受取書その他これに類するもので政令で定めるものを除く。ニにおいて同じ。） ハ　受託者が委託者に代わつて受け取る売上代金の全部又は一部に相当する金額を委託者が受託者から受け取る場合に作成する金銭又は有価証券の受取書 ニ　受託者が委託者に代わつて支払う売上代金の全部又は一部に相当する金額を委託者から受け取る場合に作成する金銭又は有価証券の受取書		

番号	課税物件		課税標準及び税率	非課税物件
	物件名	定義		
18	預貯金通帳，信託行為に関する通帳，銀行若しくは無尽会社の作成する掛金通帳，生命保険会社の作成する保険料通帳又は生命共済の掛金通帳	1　生命共済の掛金通帳とは，農業協同組合その他の法人が生命共済に係る契約に関し作成する掛金通帳で，政令で定めるものをいう。	1冊につき　　　　200円	1　信用金庫その他政令で定める金融機関の作成する預貯金通帳 2　所得税法第9条第1項第2号（非課税所得）に規定する預貯金に係る預貯金通帳その他政令で定める普通預金通帳
19	第1号，第2号，第14号又は第17号に掲げる文書により証されるべき事項を付け込んで証明する目的をもつて作成する通帳（前号に掲げる通帳を除く。）		1冊につき　　　　400円	

番号	課税物件		課税標準及び税率		非課税物件
	物件名	定義			
20	判取帳	1　判取帳とは，第1号，第2号，第14号又は第17号に掲げる文書により証されるべき事項につき二以上の相手方から付込証明を受ける目的をもつて作成する帳簿をいう。	1冊につき	4,000円	

印紙税法別表第一　課税物件表
各号の課税文書の概要

1　第1号文書

(1)　第1号の1文書【不動産等の譲渡に関する契約書】

イ　不動産等の譲渡に関する契約書（第1号の1文書）

不動産等をその同一性を保持させつつ他人に移転させることを内容とする契約書。その契約の原因には，売買，交換，代物弁済，現物出資，贈与等があります。

ここでいう「不動産等」とは，次のものをいい，その取扱いの概要は以下のとおりです。

① 不動産・・・土地及びその定着物をいい，このほか法律の規定により不動産とみなされるもののほか，鉄道財団，軌道財団及び自動車交通事業財団を含めることにしています（法別表第一「課税物件表」第1号文書の定義欄1）。

例えば，工場抵当法に規定する工場財団は，同法第14条において，「工場財団はこれを1個の不動産とみなす」と規定していますから，印紙税法上は，財団を組成するものの全体を1個の不動産として取り扱うことになります。

例：土地売買契約書，建物売買契約書，土地交換契約書等

② 無体財産権・・・無体財産権という用語は，一般に物権及び債権を除いたところの財産権として用いられていますが，印紙税法では，特許権，実用新案権，商標権，意匠権，回路配置利用権，育成者権，商号及び著作権の8種類のものに限って無体財産権ということにしています（法別表第一「課税物件表」第1号文書の定義欄2）。

なお，無体財産権の譲渡に関する契約書は，無体財産権そのものの権利を他人に譲渡する場合の契約書であり，無体財産権を利用できる権利（実施権又は使用権）を他人に与えたり，その与えられたところの無体財産権を利用できる権利をさらにそのまま第三者に譲渡したりする場合の契約書は，これには当たりません。

③ 船舶・・・船舶とは，船舶法（明治32年法律第46号）第5条に規定する船舶原簿に登録を要する総トン数20トン以上の船舶及びこれに類する外国籍の船舶をいい，その他の船舶は物品として取り扱われます（基通別表第1第1号の1文書関係の19）。

なお，櫓櫂（ろかい）のみをもって運転し又は主として櫓櫂をもって運転する舟には船舶法第5条の規定は適用されず，また，推進器を有しない浚渫（し

ゅんせつ）船は船舶とみなされないこととされていることから，これらの船は総トン数が20トン以上であっても物品として取り扱うことになります。

④　航空機・・・航空機とは，人が乗って航空の用に供することができる飛行機，回転翼航空機，滑空機及び飛行船その他政令で定める航空の用に供することができる機器をいいます。

　したがって，ヘリコプターの譲渡も当然航空機の譲渡に含まれます。

　なお，航空法では，航空機は航空機登録原簿に登録することとされていますが，この登録がなされているかどうかは印紙税の取扱い上全く関係ありません（基通別表第1第1号の1文書関係の21）。

⑤　営業・・・営業という語は二つの意味に用いられます。一つは継続的，集団的に同種の営利行為を行うこと，すなわち営業活動を意味し（主観的な意味の営業），もう一つは特定の目的に供される総括的な財産的組織体，すなわち企業組織体を意味します（客観的な意味の営業）。ここにいう営業は後者であり，課税物件表第17号の非課税物件欄に規定する営業は前者です。

　営業の譲渡の場合の営業とは，このような財産的組織体，いわゆる営業活動を構成している動産，不動産，債権，債務等を包括した一体的な権利，財産としてとらえられるものをいいますので，営業活動における一部門であっても，財産的組織体として譲渡する限りにおいては，営業の譲渡に含まれます（基通別表第1第1号の1文書関係の22）。

(2)　第1号の2文書【地上権又は土地の賃借権の設定又は譲渡に関する契約書】

　地上権（建物等の工作物又は竹木を所有するため，他人の土地を使用収益する権利）又は土地の賃借権（賃貸借契約に基づいて賃借人が土地を使用収益できる権利）を設定し，又は譲渡することを内容とする契約書

　　例：地上権設定契約書，土地賃貸借契約書等

　地上権とは，工作物又は竹木を所有するため他人の土地（地下又は空間を含む）を使用収益することを目的とした用益物権で，民法第265条《地上権の内容》に規定されているものをいい，同法第269条の2《地下又は空間を目的とする地上権》に規定する地下又は空間の地上権を含みます（基通別表第1第1号の2文書関係の1）。

　地上権は，直接，土地に対して権利を持つものとされ，地主の承諾なく譲渡，転貸ができるとされています。

　土地の賃借権は，民法第601条《賃貸借》に規定する賃貸借契約に基づき賃借人が土地（地下又は空間を含む）を使用収益できる権利をいいます（基通別表第1第1号の2文書関係の2）。したがって，借地借家法第2条に規定する借地権に限らず，土地の一時使用権も含みます。

なお，使用貸借権は，ある物を賃料を支払わないで使用収益できる権利です。すなわち，土地の賃借権と使用貸借権との区分は，土地を使用収益することについて対価を支払うものかどうかで決まりますので，「土地の使用貸借権」の設定又は譲渡に関する契約書は第1号の2文書（土地の賃借権の設定又は譲渡に関する契約書）にはなりません（基通別表第1第1号の2文書関係の3）。

　我が国の土地の使用関係は，賃借（使用貸借）権契約に基づくものがほとんどで地上権の設定契約に基づくものはごくわずかであるといわれています。このことから，地上権であるか賃借（使用貸借）権であるかが不明の場合は，賃借（使用貸借）権とみるのがより合理的と認められますので，地上権であるか土地の賃借権であるかが判明しないものは，土地の賃借権又は使用貸借権として取り扱われます。

(3)　第1号の3文書【消費貸借に関する契約書】

　借主が貸主から金銭その他の代替物を受け取り，その所有権を取得した後に，これと同種，同等，同量の物を返還することを内容とする契約書

　　　例：金銭消費貸借契約書，借用証書，限度（極度）貸付契約書等

　消費貸借とは，当事者の一方（借主）が相手方（貸主）から金銭その他の代替性のある物を受け取り，これと同種，同等，同量の物を返還する契約で，これは民法第587条《消費貸借》に規定されています（基通別表第1第1号の3文書関係の1）。

　消費貸借契約は，賃貸借及び使用貸借が貸借の目的物自体を返還するのと異なり，借主が目的物の所有権を取得しそれを消費した後に他の同価値の物を返還する点に特色があります。このように，消費貸借の対象物は金銭に限られるものではなく，物品であっても消費貸借の目的とすることができます。

　また，消費貸借には，民法第588条《準消費貸借》に規定する準消費貸借を含みます（基通別表第1第1号の2文書関係の1）。準消費貸借とは，金銭その他の代替物を給付する義務を負う者がある場合に，当事者がその物をもって消費貸借の目的とすることを約する契約をいいます。例えば，売買代金を借金に改めるようなものや，既存の消費貸借上の債務をもって新たな消費貸借の目的とする場合も準消費貸借契約になります。

(4)　第1号の4文書【運送に関する契約書】

　運送人が貨物又は旅客の場所的移動を約し，委託者（運送依頼人）がこれに対して報酬（運賃）を支払うことを内容とする契約書

　　　例：貨物輸送契約書，バス貸切り契約書，貨物運送引受書等

　運送とは，当事者の一方（運送人）が，物品又は人の場所的な移動を約し，相手（依頼人）がこれに報酬（運送賃）を支払うことを約する契約ですから，それが営業として行われるものだけでなく，たまたま行われるものでも運送となります。

したがって，簡単な文書であっても運送の内容について記載され，これを証明するためのものであれば第1号の4文書（運送に関する契約書）に該当することになります。

なお，第1号の4文書（運送に関する契約書）には傭船契約書を含むこととされています（法別表第一「課税物件表」第1号の4文書の物件名欄）が，「傭船契約」とは，船舶又は航空機の全部又は一部を貸し切り，これに積載した物品等を運送することを約する契約をいいますが，これには次の方法があり，いずれも傭船契約に当たります（基通別表第1第1号の4文書の4）。

　(イ)　船舶又は航空機の占有がその所有者等に属し，所有者等自ら当該船舶又は航空機を運送の用に使用するもの

　(ロ)　船長又は機長その他の乗組員等の選任又は航海等の費用の負担が所有者等に属するもの

2　第2号文書【請負に関する契約書】

当事者の一方（請負人）がある仕事の完成を約し，相手方（注文者）がその仕事の結果に対して報酬の支払いを約することを内容とする契約書

　　例：工事請負契約書，工事注文請書，物品加工注文請書，広告契約書等，エレベータ保守，機械等の据付・修理，コンピュータソフトの開発，洋服の仕立て，音楽の演奏，宿泊，結婚披露宴の引受けなど

「請負」とは，当事者の一方（請負者）がある仕事の完成を約し，相手方（注文者）がその仕事の結果に対して報酬を支払うことを内容とする契約をいい，民法第632条《請負》に規定する「請負」のことをいいます（基通別表第1第2号文書の1）。

この「請負」は，完成された仕事の結果を目的とする点に特質があり，仕事が完成されるならば，下請負に出してもよく，その仕事を完成させなければ，債務不履行責任を負うような契約です。

民法では，典型契約として請負契約を規定していますが，実際の取引においては各種変形したいわゆる「混合契約」といわれるものが多く，印紙税法上どの契約としてとらえるべきものであるか判定の困難なものが多く見受けられるところですが，印紙税法では，通則2において，「一の文書で1若しくは2以上の号に掲げる事項とその他の事項が併記又は混合記載されているものは，それぞれの号に該当する文書」と規定されています。

したがって，記載事項の一部であっても請負の事項が併記された契約書又は請負とその他の事項が混然一体として記載された契約書は，印紙税法上の第2号文書（請負に関する契約書）に該当することになります。

請負の目的物には，家屋の建築，道路の建設，橋りょうの架設，洋服の仕立て，船舶の建造，車両及び機械の製作，機械の修理のような有形なもののほか，シナリオの作成，音楽の演奏，舞台への出演，講演，機械の保守，建物の清掃のような無形のものも含まれます。

3　第3号文書【約束手形又は為替手形】

　「約束手形又は為替手形」とは，手形法（昭和7年法律第20号）の規定により約束手形又は為替手形たる効力を有する証券をいい，振出人又はその他の手形当事者が他人に補充させる意思をもって未完成のまま振り出した手形（白地手形）もこれに含まれます（基通第3号文書関係の1）。

　振出人の署名を欠く白地手形で引受人又はその他の手形当事者の署名のあるものは，当該引受人又はその他の手形当事者が当該手形の作成者となります（基通第3号文書関係の2）。

4　第4号文書【株券，出資証券若しくは社債券又は投資信託，貸付信託，特定目的信託若しくは受益証券発行信託の受益証券】

(1)　「投資信託の受益証券」，「貸付信託の受益証券」，「特定目的信託の受益証券」及び「受益証券発行信託の受益証券」は，それぞれ次に揚げるものをいいます（基通第4号文書関係の3）。

　　イ　「投資信託の受益証券」　投資信託及び投資法人に関する法律（昭和26年法律第198号）第2条第7項《定義》に規定する受益証券

　　ロ　「貸付信託の受益証券」　貸付信託法（昭和27年法律第195号）第2条第2項《定義》に規定する受益証券

　　ハ　「特定目的信託の受益証券」　資産の流動化に関する法律（平成10年法律第105号）第2条第15項《定義》に規定する受益証券

　　ニ　「受益証券発行信託の受益証券」　信託法（平成18年法律第108号）第185条第1項《受益証券の発行に関する信託行為の定め》に規定する受益証券

(2)　「社債券」とは，会社法の規定による社債券，特別の法律により法人の発行する債券及び相互会社（保険業法（平成7年法律第105号）第2条第5項《定義》の相互会社をいう。以下同じ）の社債券に限られるのであって，学校法人又はその他の法人が資金調達の方法として発行するいわゆる学校債券等を含みません（基通第4号文書関係の4）。

5　第5号文書【合併契約書又は吸収分割契約書若しくは新設分割計画書】

(1)　「合併契約書」は，株式会社，合名会社，合資会社，合同会社及び相互会社が締結する合併契約を証する文書に限り課税文書に該当します（基通第5号文書関係の1）。

(2)　「吸収分割契約書」及び「新設分割計画書」は，株式会社及び合同会社が吸収分割又は新設分割を行う場合の吸収分割契約を証する文書又は新設分割計画を証する文書に限り課税文書に該当します（基通第5号文書関係の2）。

　　なお，新設分割計画書は，本店に備え置く文書に限ります。

(3)　吸収分割契約書に記載されている吸収分割承継会社が吸収分割会社から承継する財産のうちに，例えば不動産に関する事項が含まれている場合であっても，当該吸収分割契約書は第1号の1文書（不動産の譲渡に関する契約書又は営業の譲渡に関する契約書）には該当しません（基通第5号文書関係の3）。

6　第6号文書【定款】

　　「定款」は，株式会社，合名会社，合資会社，合同会社又は相互会社の設立のときに作成する定款の原本に限り，課税文書に該当します（基通第6号文書関係の1）。

7　第7号文書【継続的取引の基本となる契約書】

　　継続的取引の基本となる契約書とは，特約店契約書，代理店契約書，業務委託契約書，銀行取引約定書，信用取引口座設定約諾書，保険特約書その他の契約書で，特定の相手方との間で継続的に生ずる取引に適用する基本的な取引条件を定めたもので，令第26条第1号から第5号に定める要件を満たすものをいいます。

　　なお，令第26条の規定に該当する文書であっても，当該文書に記載された契約期間が3か月以内で，かつ，更新に関する定めのないもの（更新に関する定めがあっても，当初の契約期間に更新後の期間を加えてもなお3か月以内である場合を含みます）は，継続的取引の基本となる契約書から除かれます（法別表第一「課税物件表」第7号文書の物件名欄）。この場合，当該文書については，その内容によりその他の号に該当するかどうかを判断する必要があります（基通第7号文書関係の2）。

(1)　令26条第1号の契約書の場合・・・次のイ～ホの要件を全て満たすものが該当します。

　　イ　営業者の間における契約であること

　　ロ　売買，売買の委託，運送，運送取扱又は請負のいずれかの取引に関する契約であること

　　ハ　2以上の取引を継続して行うための契約であること

　　ニ　2以上の取引に共通して適用される取引条件のうち目的物の種類，取扱数量，単

価，対価の支払方法，債務不履行の場合の損害賠償の方法又は再販売価格のうち1以上の事項を定める契約であること

ホ　電気又はガスの供給に関する契約ではないこと

　　　例：工事請負基本契約書，エレベーター保守契約書，清掃請負契約書等

(2)　令第26条第2号の契約書の場合

　　　令第26条第2号には，「代理店契約書，業務委託契約書その他名称のいかんを問わず，売買に関する業務，金融機関の業務，保険募集の業務又は株式の発行若しくは名義書換えの事務を継続して委託するために作成される契約書で，委託される業務又は事務の範囲又は対価の支払方法を定めるもの」と規定されています。

　　　したがって，令第26条第2号に該当して第7号文書（継続的取引の基本となる契約書）になるものは，次に掲げる二つの要件を満たすものでなければなりません。

イ　売買に関する業務，金融機関の業務，保険募集の業務又は株式の発行若しくは名義書換えの事務を委託するために作成される契約書であること。

　　　なお，「売買に関する業務の委託」とは，売買に関する業務の全部又は一部を包括的に委託することをいいますので，特定の物品等の販売又は購入を委託する「売買の委託」（令第26条第1号）とは区別して考えなければなりません。

　　　具体的には，販売施設を所有している者が，そこにおける販売業務を委託する場合，販売店の経営そのものを委託した場合，更には販売業務の一部である集金業務，仕入業務，在庫管理業務等を委託した場合等がこれに含まれることになります。

ロ　継続して委託される業務又は事務の範囲又は対価の支払方法を定めるものであること。

　　　例：販売代理店契約書，食堂経営委託契約書，金融業務委託契約書，保険代理店契約書等

　　　㊟　令第26条第2号の文書は1号の文書と違って，「営業者間」における契約でなくても課税対象となります。

(3)　令第26条第3号の契約書の場合

　　　銀行取引約定書その他名称のいかんを問わず，金融機関から信用の供与を受ける者とその金融機関との間において，貸付け（手形割引及び当座貸越しを含みます），支払承諾，外国為替その他の取引によって生ずるその金融機関に対する一切の債務の履行について包括的に履行方法その他の基本的事項を定める契約書

(4)　令第26条第4号の契約書の場合

　　　信用取引口座設定約諾書その他名称のいかんを問わず，金融商品取引業者又は商品先物取引業者とこれらの顧客との間において，有価証券又は商品の売買に関する

　　２以上の取引（有価証券の売買にあっては信用取引又は発行日決済取引に限られ，商品の売買にあっては商品市場における取引（商品清算取引を除きます）に限られます）を継続して委託するため作成される契約書で，その２以上の取引に共通して適用される取引条件のうち受渡しその他の決済方法，対価の支払方法又は債務不履行の場合の損害賠償の方法を定めるもの

(5)　令第26条第５号の契約書の場合

　　保険特約書その他名称のいかんを問わず，損害保険会社と保険契約者との間において，２以上の保険契約を継続して行うため作成される契約書で，これらの保険契約に共通して適用される保険要件のうち保険の目的の種類，保険金額又は保険料率を定めるもの

8　第８号文書【預貯金証書】

　「預貯金証書」とは，銀行その他の金融機関等で法令の規定により預金又は貯金業務を行うことができる者が，預金者又は貯金者との間の消費寄託の成立を証明するために作成する免責証券たる預金証書又は貯金証書をいいます（基通第８号文書関係の１）。

　　例；定期預金証書，通知預金証書

9　第９号文書【倉荷証券，船荷証券，複合運送証券（法定記載事項の一部を欠くもので，これらの証券と類似の効用を有するものを含む）】

(1)　「倉荷証券」とは，商法第600条《倉荷証券の交付義務》の規定により，倉庫営業者が寄託者の請求により作成する倉荷証券をいいます。

(2)　「船荷証券」とは，商法第757条《船荷証券の交付義務》の規定により，運送人又は船長が荷送人又は傭船者の請求により作成する船荷証券をいいます。

(3)　「複合運送証券」とは，商法第769条《複合運送証券》の規定により，運送人又は船長が陸上運送及び海上運送を一の契約で引き受けたときに荷送人の請求により作成する複合運送証券をいいます。

(4)　「倉荷証券，船荷証券又は複合運送証券の記載事項の一部を欠く証書で，これらと類似の効用を有するもの」とは，商法第601条《倉荷証券の記載事項》又は同法第758条《船荷証券の記載事項》第１項（同法第769条《複合運送証券》第２項において準用する場合を含む。）に規定するそれぞれの記載事項の一部を欠く証書で，寄託物の返還請求権又は運送品の引渡請求権を表彰するものをいいます。ただし，当該証書に譲渡性のないことが明記されているものは除かれます。

10 第10号文書【保険証券】

(1) 「保険証券」とは，保険者が保険契約の成立を証明するため，保険法その他の法令の規定により保険契約者に交付する書面をいいます（基通第10号文書関係の1）。

(2) 保険証券としての記載事項の一部を欠くものであっても保険証券としての効用を有するものは，第10号文書（保険証券）として取り扱われます（基通第10号文書関係の2）。

11 第11号文書【信用状】

「信用状」とは，銀行が取引銀行に対して特定の者に一定額の金銭の支払いをすることを委託する支払委託書をいい，商業信用状に限らず，旅行信用状を含みます（基通第11号文書関係の1）。

12 第12号文書【信託行為に関する契約書】

信託法第3条第1号《信託の方法》に規定する信託契約を証する文書をいいます（基通第12号文書関係の1）。

すなわち，信託法に基づき，他人（受託者）に一定の財産権を移転し，一定の目的に従って財産の管理又は処分をさせることを内容とする信託契約について，その契約の成立等を証する契約書をいい，信託証書を含みます。

例：金銭信託証書，財産形成信託取引証等

13 第13号文書【債務の保証に関する契約書】

主たる債務者がその債務を履行しない場合に，債務者の保証人がこれを履行することを債権者に対して約する契約書をいい，これには，主たる債務者と連帯して債務を負担する連帯保証，あるいは，同一の主たる債務について数人の者が保証債務を負担する共同保証を含みます。

なお，主たる債務の契約書に併記するもの（例えば，金銭消費貸借契約書に保証人が債務の保証をする旨の署名をしたもの）は課税文書から除かれます（法別表第一「課税物件表」第13号文書の物件名欄）。

例：債務保証契約書，住宅ローン・消費者ローンの保証契約書等

14 第14号文書【金銭又は有価証券の寄託に関する契約書】

当事者の一方（受寄者）が相手方（寄託者）のために物（受寄物）を保管することを約する契約（寄託契約）の成立等の事実を証する契約書で，受寄物が金銭又は有価証券であるものをいいます。

例：（金銭）保護預り証書，（金銭）預り証，株券預り証等

寄託契約については，民法第657条《寄託》以下に定められているところですが，同法第666条《消費寄託》に定める消費寄託もこれに含めることにしています（基通別表第1第14号文書の1）。

消費寄託契約とは，受寄者が受寄物を消費することができ，これと同種，同等，同量の物を返還すればよい寄託で，銀行預金はその代表的なものです。

金銭又は有価証券の寄託を課税することにしていますので，物品の寄託契約については課税されません。

なお，消費寄託証書のうち免責証券たる預貯金証書については，第8号文書として課税文書となります。

また，金銭又は有価証券の受領事実のみを証する証書は，第17号文書に該当します。

15　第15号文書【債権譲渡又は債務引受けに関する契約書】

(1)　債権譲渡に関する契約書

旧債権者と新債権者との間において，債権をその同一性を失わせないで旧債権者から新債権者に移転することを内容とする契約書

例：債権譲渡契約書等

債権とは，他人をして将来財貨又は労務を給付させることを目的とする権利をいいます。

(2)　債務引受けに関する契約書

債務をその同一性を失わせないで旧債務者から新債務者（債務引受人）に移転することを内容とする契約書で，債権者と引受人及び債務者との三者間，又は債権者と引受人との間で作成されるもの

例：債務引受契約書，債務履行引受契約書等

債務引受けには，免責的債務引受けと重畳的債務引受けとがあり，いずれも債務引受けに含まれます（基通別表第1第15号文書の2）。

・免責的債務引受け・・・債務者は債務を免れて，引受人が新債務者としてこれに代わって同一内容の債務を負担することをいいます。

・重畳的債務引受け・・・引受人は新たに同一内容の債務を負担するが，債務者も依然として債務を負担し，債務者と引受人が連帯債務関係に入ることをいいます。

16　第16号文書【配当金領収証又は配当金振込通知書】

(1)　「配当金の支払を受ける権利を表彰する証書」とは，会社（株式の預託を受けている

会社を含みます）が株主（株式の預託者を含みます）の具体化した利益配当請求権を証明した証書で，株主がこれと引換えに当該証書に記載された取扱銀行等のうち株主の選択する銀行等で配当金の支払いを受けることができるものをいいます（基通別表第1第16号文書の1）。

(2) 「配当金の受領の事実を証するための証書」とは，会社が株主に配当金の支払いをするに当たり，あらかじめ当該会社が株主に送付する証書のうち，配当金の支払いを受ける権利を表彰する証書以外のもので，株主が取扱銀行等から配当金の支払いを受けた際その受領事実を証するために使用するものをいいます（基通別表第1第16号文書の2）。

なお，株主が会社から直接配当金の支払いを受けた際に作成する受取書は，第16号文書（配当金領収証）ではなく，第17号文書（金銭の受取書）に該当します。

17　第17号文書【金銭又は有価証券の受取書】

(1) 金銭又は有価証券の受取書とは，金銭又は有価証券の引渡しを受けた者がその受領事実を証明するために作成し，その引渡者に交付する単なる証拠証書をいいます（基通別表第1第17号文書の1）。

つまり，金銭又は有価証券の受領事実を証明する全ての文書をいい，債権者が作成する債務の弁済事実を証明する文書に限らないのです。

ですから，「領収書」，「受取書」と記載された文書はもちろんのこと「仮領収書」や「レシート」と称されるものや，相済，了，領収等と記載された「お買上票」，「納品書」等も第17号文書（金銭又は有価証券の受取書）に該当します（基通別表第1第17号文書の1及び2）。

そして，文書の表題，形式がどのようなものであっても，受取事実を証明するために請求書やお買上票等に「代済」，「相済」，「了」等と記入したものなど，その作成目的が金銭又は有価証券の受取事実を証明するものであるものは，金銭又は有価証券の受取書に該当します。

なお，課税対象となる受取書は，金銭又は有価証券の受取書に限られていますので，物品の受取書などは課税文書にはなりません。

(2) 受取金額が5万円未満(平成26年3月31日以前は，3万円未満)のものや，営業に関しないもの（商法上の「商人」に当たらないと解されている者，例えば，サラリーマンや公益法人が作成する受取書）等は非課税となります。

(3) 第17号の文書に係る税率の適用区分

第17号の文書については，売上代金の受取書か否かにより税率の適用区分が異なります。

イ　売上代金に係る金銭又は有価証券の受取書（第17号の1文書）

　　売上代金とは,「資産を譲渡し若しくは使用させること（当該資産に係る権利を設定することを含む。）又は役務を提供することによる対価（手付けを含む。）」, すなわち何らかの給付に対する反対給付として受領するものをいいます。売上代金の受取書は, 記載された受取金額に応じて階級定額税率が適用されます。

　　　　例：レシート, 受取証, 領収証, 受領書, 仮領収証等

ロ　売上代金以外の金銭又は有価証券の受取書（第17号の2文書）

　　上記イの売上代金以外の金銭又は有価証券, 例えば借入金, 保証金, 損害賠償金, 保険金等の受取書がこれに該当し, 一律に200円の定額税率が適用されます。

ハ　売上代金の受取書に含まれるものの範囲

　　次のような受取書は, 売上代金の受取書（第17号の1文書）として取り扱われることになり, 階級定額税率が適用されます。

　(イ)　受取金額の一部に売上代金を含む受取書

　　　①　受取書の記載金額を売上代金に係る金額とその他の金額とに区分することができるものは, 売上代金に係る金額がその受取書の記載金額になります（通則4のハ（一））。

　　　②　受取書の記載金額が売上代金に係る金額とその他の金額とに区分することができないものは, その受取金額全額が受取書の記載金額になります（通則4のハ（二））。

　　　③　②の場合で, その他の金額の一部だけ明らかな場合は, その明らかな金額を除いた金額が, その受取書の記載金額になります（通則4のハ（二））。

　(ロ)　受取代金の内容が明らかにされていない受取書

　　　受取金額の全部又は一部が売上代金であるかどうかが, 受取書の記載事項から明らかにされていない受取書は, 売上代金に係る受取書とみなされます（第17号文書の定義欄1のイ）。

　　　(注)　売上代金以外の受取書であるという事実が他の書類等により証明できる場合であっても, その受取書に記載された内容によって, 売上代金以外の受取りであることが明らかにならなければ, 売上代金の受取書として課税されます。

　(ハ)　売上代金の回収（受領）委託を受けた者が作成する受取書

　　　売上代金の回収（受領）について委託を受けた者が, 委託者に代わって売上代金を受領する場合に作成する受取書は, 売上代金の受取書として課税されます（第17号文書の定義欄1のロ）。

　　　(注)　金融機関が作成する振込金や送金資金の受取書は, 売上代金以外の受取書（第17号の2文書）となります（第17号文書の定義欄1のロのかっこ書き）。

(ニ)　売上代金の受領を委託した者が作成する受取書

(ハ)の場合の受託者が回収した売上代金を，委託者が受領する場合に作成する受取書も，売上代金の受取書として課税されます（第17号文書の定義欄１のハ）。

(ホ)　売上代金の支払委託を受けた者が作成する受取書

売上代金の支払委託を受けた者が，委託者から支払資金を預かる（受領する）場合に作成する受取書は，売上代金の受取書として課税されます（第17号文書の定義欄１のニ）。

18　第18号文書【預貯金通帳，信託行為に関する通帳，銀行若しくは無尽会社の作成する掛金通帳，生命保険会社の作成する保険料通帳又は生命共済の掛金通帳】

(1)　預貯金通帳

法令の規定による預金又は貯金業務を行う銀行その他の金融機関等が，預金者又は貯金者との間における継続的な預金又は貯金の受入れ及び払出しの事実を連続して付け込んで証明するために作成する通帳をいいます（基通別表第１第18号文書の１）。

(2)　信託行為に関する通帳

信託会社が，信託契約者との間における継続的な財産の信託関係を連続的に付け込んで証明するために作成する通帳をいいます（基通別表第１第18号文書の８）。

(3)　銀行若しくは無尽会社の作成する掛金通帳

銀行又は無尽会社が，相互掛金契約に基づく掛金の支払金の受領の事実を継続して付け込んで証明するために作成する通帳をいいます（基通別表第１第18号文書の９）。

(4)　生命保険会社の作成する保険料通帳

生命保険会社が，生命保険契約者から受け取る保険料の受領事実を連続的に付け込んで証明するために作成する通帳をいいます（基通別表第１第18号文書の11）。

(5)　生命共済の掛金通帳

農業協同組合又は農業協同組合連合会が，人の死亡若しくは生存のみを共済事故とする共済又は人の死亡若しくは生存と人の廃疾若しくは傷害等とを共済事故とする共済（「生命共済」）に関して作成するこれらの掛金通帳をいいます（基通別表第１第18号文書の12）。

19　第19号文書【第１号，第２号，第14号又は第17号に掲げる文書により証されるべき事項を付け込んで証明する目的をもって作成する通帳（前号に掲げる通帳を除く）】

第19号文書となる通帳とは，継続して各種の取引を行う当事者の一方の者（通帳作成者で納税義務者）から取引の相手方に交付しておき，次の（１）～（４）の取引内容を連続的に付込み証明する目的で作成する帳簿をいいます（基通別表第１第19号文書の１）。

(1)　第1号に掲げる文書により証されるべき事項，すなわち，不動産等の譲渡，消費貸借，運送等の取引関係を連続的に付け込んで証明するために作成する通帳

　　　例：貸付金受取通帳（利率、返済期限等の記載のあるもの）、運送貨物引受通帳等

(2)　第2号に掲げる文書により証されるべき事項，すなわち請負に関する取引内容を連続的に付け込んで証明するために作成する通帳

　　　例：加工依頼通帳等

(3)　第14号文書により証されるべき事項，すなわち，金銭又は有価証券の寄託に関する取引内容を連続的に付け込んで証明するために作成する通帳

　　　例：株券預り通帳等

(4)　第17号に掲げる文書により証されるべき事項，すなわち，金銭又は有価証券の受取の事実を継続又は連続して付け込んで証明するために作成する通帳

　　　例：売上代金領収帳，地代・家賃通帳，入金取次帳等

20　第20号文書【判取帳】

　判取帳とは，当事者の一方が，2以上の相手方との間に生ずる財産上の取引関係について，取引の都度相手方から付込み証明を受けるために作成し，自己の手元に保管しておく帳簿をいいます。

　判取帳のうち，印紙税の課税対象となるのは，第1号（不動産等の譲渡，土地の賃貸借，消費貸借，運送），第2号（請負），第14号（金銭又は有価証券の寄託）又は第17号（金銭又は有価証券の受取）に掲げる文書により証されるべき事項につき2以上の相手方から付込み証明を受ける目的をもって作成するものに限られます（基通別表第1第20号文書の1）。

　　　例：運送貨物受取帳，仕入代金支払判取帳（複数の仕入先から仕入代金の支払の都度受領事実の証明を受けるもの）等

(注)　第19号文書の通帳が特定の1の相手方との間の取引関係について付込み証明する目的で作成されるのに対し，第20号文書の判取帳は2以上の相手方との間に生ずる取引関係について付込み証明する目的で作成される点に両者の違いがあります。

　　　また，通帳の場合は，付込み証明する側（通帳保管者ではなく預けた側の者）が納税義務者となりますが，判取帳の場合には，付込み証明を受ける側（判取帳保管者）が納税義務者となります。

印紙税法施行令（抄）

第4条　納税地

法第6条第5号に掲げる政令で定める場所は，同号の課税文書の次の各号に掲げる区分に応じ，当該各号に掲げる場所とする。

　　一　その作成者の事業に係る事務所，事業所その他これらに準ずるものの所在地が記載されている課税文書　当該所在地

　　二　その他の課税文書　当該課税文書の作成の時における作成者の住所（住所がない場合には，居所。以下同じ。）

2　2以上の者が共同して作成した課税文書に係る法第6条第5号に掲げる政令で定める場所は，前項の規定にかかわらず，当該課税文書の次の各号に掲げる区分に応じ，当該各号に掲げる場所とする。

　　一　その作成者が所持している課税文書　当該所持している場所

　　二　その作成者以外の者が所持している課税文書　当該作成者のうち当該課税文書に最も先に記載されている者のみが当該課税文書を作成したものとした場合の前項各号に掲げる場所

第5条　印紙を消す方法

課税文書の作成者は，法第8条第2項の規定により印紙を消す場合には，自己又はその代理人（法人の代表者を含む。），使用人その他の従業者の印章又は署名で消さなければならない。

第14条　過誤納の確認等

法第14条第1項の確認を受けようとする者は，次に掲げる事項を記載した申請書を当該税務署長に提出しなければならない。

　　一　申請者の住所，氏名又は名称及び個人番号又は法人番号（個人番号又は法人番号を有しない者にあつては，住所及び氏名又は名称）

　　二　当該過誤納に係る印紙税の次に掲げる区分に応じ，次に掲げる事項

　　　　イ　印紙を貼り付けた文書，税印を押した文書又は印紙税納付計器により印紙税額に相当する金額を表示して納付印を押した文書に係る印紙税　当該文書の種類，当該種類ごとの数量，当該過誤納となつた金額及び当該印紙を貼付け又は当該税印若しくは納付印を押した年月日

　　　　ロ　イに掲げる印紙税を除くほか，法第9条第2項又は法第10条第4項の規定に

より納付した印紙税　当該納付した印紙税の額，当該印紙税の額のうち過誤納
となつた金額及び当該納付した年月日

三　過誤納となつた理由

四　その他参考となるべき事項

2　法第14条第1項の確認を受けようとする者は，前項の申請書を提出する際，当該過
誤納となつた事実を証するため必要な文書その他の物件を当該税務署長に提示しなけ
ればならない。

3　税務署長は，法第14条第1項の確認をしたときは，前項の規定により提示された文
書その他の物件に当該確認をしたことを明らかにするため必要な措置を講ずるものと
する。

4　法第14条第2項の規定による確認と充当との請求をしようとする者は，第1項各号
に掲げる事項及び当該過誤納金をその納付すべき印紙税に充当することを請求する旨
を記載した請求書を当該税務署長に提出しなければならない。

5　第2項の規定は法第14条第2項の確認及び充当の請求をする場合について，第3項
の規定は同条第2項の充当をした場合について，それぞれ準用する。

第19条　印紙税を納付していない旨の申出等

法第20条第2項の申出をしようとする者は，次に掲げる事項を記載した申出書を当
該税務署長に提出しなければならない。

一　申出者の住所，氏名又は名称及び個人番号又は法人番号（個人番号又は法人番
号を有しない者にあつては，住所及び氏名又は名称）

二　当該申出に係る課税文書の号別及び種類，数量並びにその作成年月日

三　当該課税文書に課されるべき印紙税額及び当該課税文書につき納付していない
印紙税額並びにこれらの印紙税額のそれぞれの合計額

四　その他参考となるべき事項

2　法第20条第6項に規定する政令で定める事項は，次に掲げる事項とする。

一　当該過怠税に係る課税文書の号別及び種類，数量並びにその作成年月日並びに
作成者の住所及び氏名又は名称

二　当該課税文書の所持者が明らかな場合には，当該所持者の住所及び氏名又は名
称

三　過怠税を徴収する理由

第26条　継続的取引の基本となる契約書の範囲

法別表第一第7号の定義の欄に規定する政令で定める契約書は，次に掲げる契約書

とする。

一　特約店契約書その他名称のいかんを問わず，営業者（法別表第一第17号の非課税物件の欄に規定する営業を行う者をいう。）の間において，売買，売買の委託，運送，運送取扱い又は請負に関する2以上の取引を継続して行うため作成される契約書で，当該2以上の取引に共通して適用される取引条件のうち目的物の種類，取扱数量，単価，対価の支払方法，債務不履行の場合の損害賠償の方法又は再販売価格を定めるもの（電気又はガスの供給に関するものを除く。）

二　代理店契約書，業務委託契約書その他名称のいかんを問わず，売買に関する業務，金融機関の業務，保険募集の業務又は株式の発行若しくは名義書換えの事務を継続して委託するため作成される契約書で，委託される業務又は事務の範囲又は対価の支払方法を定めるもの

三　銀行取引約定書その他名称のいかんを問わず，金融機関から信用の供与を受ける者と当該金融機関との間において，貸付け（手形割引及び当座貸越しを含む。），支払承諾，外国為替その他の取引によつて生ずる当該金融機関に対する一切の債務の履行について包括的に履行方法その他の基本的事項を定める契約書

四　信用取引口座設定約諾書その他名称のいかんを問わず，金融商品取引法第2条第9項（定義）に規定する金融商品取引業者又は商品先物取引法（昭和25年法律第239号）第2条第23項（定義）に規定する商品先物取引業者とこれらの顧客との間において，有価証券又は商品の売買に関する2以上の取引（有価証券の売買にあつては信用取引又は発行日決済取引に限り，商品の売買にあつては商品市場における取引（商品清算取引を除く。）に限る。）を継続して委託するため作成される契約書で，当該2以上の取引に共通して適用される取引条件のうち受渡しその他の決済方法，対価の支払方法又は債務不履行の場合の損害賠償の方法を定めるもの

五　保険特約書その他名称のいかんを問わず，損害保険会社と保険契約者との間において，2以上の保険契約を継続して行うため作成される契約書で，これらの保険契約に共通して適用される保険要件のうち保険の目的の種類，保険金額又は保険料率を定めるもの

著 者 紹 介

小林　幸夫（こばやし　ゆきお）

　国税庁課税部消費税課課長補佐，二本松税務署長，東京国税局課税第二部消費税課長，品川税務署長，仙台国税局調査査察部次長，江戸川北税務署長等を経て，現在，税理士。

　主な著書に「消費税の実務と申告（平成30年版）」（共著），「これだけは押さえておきたい　消費税軽減税率の実務ポイント」（いずれも大蔵財務協会），「迷ったときに開く実務に活かす印紙税の実践と応用」（監修；新日本法規）ほか

佐藤　明弘（さとう　あきひろ）

　国税庁課税部消費税室課長補佐，弘前税務署長，東京国税局課税第二部消費税課長，仙台国税不服審判所部長審判官，江戸川北税務署長等を経て，現在，税理士。
主な著書に「消費税の実務と申告（平成31年版）」（共著；大蔵財務協会），「税務調査官の視点からつかむ　印紙税の実務と対策」（第一法規）ほか

宮川　博行（みやかわ　ひろゆき）

　国税庁課税部審理室課長補佐，国税庁課税部消費税室課長補佐，王子税務署長，東京国税局課税第二部消費税課長，札幌国税不服審判所部長審判官，江戸川北税務署長等を経て，現在，税理士。

　主な著書に「消費税　課否判定・軽減税率判定　早見表」（共著；大蔵財務協会）ほか

著者との契約により検印省略

令和元年10月1日　初版第1刷発行　　　　印紙税の実務対応

著　者　　小　林　幸　夫
　　　　　佐　藤　明　弘
　　　　　宮　川　博　行
発行者　　大　坪　克　行
製版所　　光栄印刷株式会社
印刷所　　光栄印刷株式会社
製本所　　株式会社三森製本所

発 行 所　〒161-0033 東京都新宿区　　株式　税務経理協会
　　　　　下落合2丁目5番13号　　　　会社

　　　　　振替 00190-2-187408　　　電話 （03）3953-3301（編集部）
　　　　　FAX （03）3565-3391　　　　　 （03）3953-3325（営業部）
　　　　　　URL　http://www.zeikei.co.jp/
　　　　　乱丁・落丁の場合は，お取替えいたします。

© 　小林幸夫・佐藤明弘・宮川博行　2019　　　　Printed in Japan

本書の無断複写は著作権法上での例外を除き禁じられています。複写される
場合は，そのつど事前に，（社）出版社著作権管理機構（電話 03-3513-6969,
FAX 03-3513-6979, e-mail : info@jcopy.or.jp）の許諾を得てください。

JCOPY　＜（社）出版者著作権管理機構　委託出版物＞

ISBN978-4-419-06619-2　　C3032